인요가

인요가

나에게 주는 최고의 이완과 휴식

폴 그릴리 | 이상희 옮김 | 지 문 감수

판미동

해부학을 가르쳐 주신 게리 파커 교수님,

도교요가의 배움을 허락하신 폴리 징크,

도교요가와 탄트라 요가 수련의 지혜와 진리들을 통합하고

입증해 주신 히로시 모토야마 박사님,

나의 선생님들께 이 책을 바칩니다.

내 몸에 맞는 요가를 찾아가다

옮긴이 **이상희**

'표준' 또는 '정상'의 개념은 천문학자인 아돌프 케틀레가 천문학 연구방법을 인간에 관한 연구에 적용해 사회물리학의 뉴턴이 되고자 하는 야심찬 발상에서 시작됩니다. 그리고 이 개념은 19세기 영국의 산업혁명을 이끌며 군대, 교육, 의학, 경제 등 서양의 문화에 깊숙이 뿌리를 내렸습니다.

1945년 미국의 어느 지역 신문에서는 건강 박물관에 전시된 전신상 '노르마'와 가장 가까운 여성을 뽑는 대회를 열었습니다. '노르마'는 한 의사와 조각가가 합작하여 1만 5,000명의 젊은 성인 여성의 신체 치수를 산출해서 만들어진 작품이었습니다. 그들은 이것이 미국 여성의 정상 체형을 판단하는 중요한 근거라고 주장하였습니다. 하지만, 이 대회에 참가한 3,864명 중 '노르마'와 같은 체형의 여자는 단 한 명도 없었습니다.

이 결과를 보고 그 당시 의사와 과학자들은 '노르마'가 잘못된 것이 아니라 오히려 미국 여성들이 건강하지 못하다는 어처구니없는 결론을 내렸습니다. '노르마'와 닮지 않는 여성들이 열심히 운동해야 한다고 조언까지 했을 정도니까요.

평균이 곧 표준이라는 개념은 아직도 깊게 뿌리 내리고 있습니다. 현대인들은 '표준' 또는 '정상'의 범주 안에 들어가지 못하면 자신을 비정상이라고 생각하게 되었고, 이것은 사회 안에서 상대적 박탈감과 빈곤감 등을 주며 정신적 압박감을 만드는 주된 원인이 되었습니다.

놀랍게도 오늘날 요가 수련 안에도 '평균'에서 기인한 표준 정렬법이 뿌리를 내렸습니다. 요가는 매우 개인적이고 자신의 내면을 바라보는 수련인데도 불구하고 말입니다. 전통적인 동양의 의학이나 사상에서는 이러한 개념을 찾아볼 수 없습니다.

그렇다면 인도 전통에서 내려온 요가에 언제부터 이런 '표준'의 개념이 도입되었을까요? 인도가 영국에 식민지화되었던 19세기, 현대요가의 대가 B.K.S. 아헹가에게로 거슬러 올라갑니다. 현대요가들은 서양에서 크게 유행하였고 표준 정렬법은 서양 학생에게 다가가기 편리한 도구였습니다. 표준 정렬법은 쉽고 활용도가 좋았지만 '노르마'처럼 모순적입니다.

이 책의 저자 폴 그릴리 또한 표준 정렬법에 자신에 몸을 맞춰 가며 열심히 수련했던 진지한 수련자 중 하나였습니다. 뒤로 젖히는 자세를 수련하다 쇄골이 부러지는 부상을 입고 자책감에 빠져 시간을 보내게 되었습니다. 그리고 다시 대학에서 해부학을 공부하게 되었는데, 어느날 크기, 모양, 생김새가 모두 다른 진짜 사람의 뼈를 보며 '모두 다른 뼈를 가졌는데 어떻게 동작에 하나의 표준 정렬법을 적용하는 거지?'라는 의문점을 갖게 됩니다. 그리고 다시는 할 수 없을지도 모른다고 생각했던 요가 수련법들을 되돌아보고 점검하기 시작했습니다. 후에 대학에서 공부한 해부학과 중국 전통의학과 도교요가의 수련법, 그리고 인도의 하타요가와 탄트라 이론들을 결합하여 인요가의 뼈대를 하나씩 잡아 가기 시작합니다.

폴 그릴리가 제안하는 요가의 수련에는 표준 정렬법이 없습니다. 그저 자극을 주고자 하는 몸의 부위를 정확히 얘기해 주고, 여러 가지 대안 자세들을 제안합니다. 수련자들은 제안한 대안 자세를 모두 경험해 보고, 자신의 골격 구조에 맞는 자세를 스스로 선택하면 됩니다.

이렇듯 폴 그릴리는 요가 동작에 기능 해부학을 처음 도입시킨 사람입니다. 그동안 요가 자세를 하며 발이 어디에 있어야 하고, 손의 모양을 어떻게 해야 한다는 식의 요가에 익숙해져 있는 사람들에게는 어쩌면 이 책이 큰 혼란을 줄지도 모르겠습니다. 하지만 자신에게 가장 알맞은 자세를 찾는 것은 자신을 안전하게 지키고 더 나아가 요가의 빛나는 효능 중 하나인 자연치유에 꼭 필요한 요소입니다. 인요가를 수련하는 과정에서 자신의 몸을 이해하고, 스스로 가장 적합한 자세를 찾게 됩니다. 인요가는 근육보다 더 인적인 신체조직들, 가령 관절과 인대, 건 등을 자극하기 위한 수련 방법입니다. 중의학에서는 '기(프라나)가 순환하지 못하면 관절에 침체된다.'고 표현하는데, 실제로 오늘날 흔하게 볼 수 있는 원인 모를 만성 통증들은 대부분 관절에 발생한 기의 침체로부터 기인합니다. 심지어 통증이나 부상 등으로 깁스를 하거나 당분간 움직이지 말라는 의료진의 조언을 들은 사람이라도, 다친 부분을 조심하면서 신중하고 체계적인 운동으로 나머지 부분의 가동 범위를 잃어버리지 않도록 하는 것이 좋습니다. 관절에 자극을 주거나 관절을 운동한다는 개념이 생소한 사람들도 단 한 번의 인요가 수련만으로 얼마나 안전하고 인체에 유익한가를 몸소 느낄 수 있을 것입니다.

또 기(프라나)는 육체와 마음 사이를 오가며 영향을 줍니다. 그래서 관절에 문제가 생기면 마음이 무기력해지고 히스테릭해지거나 우울해지기도 합니다. 인요가는 관절을 열어 신경계를 안정시키고 스트레스를 감소해 불면증에도 탁월한 효과가 있습니다. 특히 요즘은 운동이나 요가에 친숙하지 않은 사무직 종사자들도 인요가 수업을 많이 찾습니다. 머리를 많이 쓰고 잘 움직이지 않는 그들의 생활 구조에서 무언가 더 이루어야 한다는 스트레스 없이 만족을 지향하는 인요가가 스트레스 해소, 긴장 완화, 활력 증진까지 도와주기 때문입니다.

육체와 정신은 서로 뗄 수 없는 인양의 관계이듯, 이 둘이 서로에게 미치는 영향을 설명하다 보면 자연스럽게 정신적 부분으로 넘어가게 됩니다. 폴 그릴리는 이 책 4개의 챕터에서 인도의 차크라 이론과 함께 명상법들을 심도 있게 다룹니다.

요가, 명상은 그 경험들이 주관적이고 설명이 제각기 달라 섬세하고 냉철한 시각들이 필요합니다. 마음이 잘못된 곳을 향하면 요가 동작을 하며 입는 부상보다 더 위험하고 치명적일 수 있기 때문입니다. 그래서 꼭 숙련된 선생님이 필요합니다. 이런 면에서 폴 그릴리는 올바른 방향성을 제시해 줄 수 있는 숙련되고 이타적인 정신이 강한 선생님입니다. 비록 멀리 미국에 계시지만 그의 깊이 있는 책들과 요가 강연 영상들을 통해 올바른 요가와 명상에 대한 가르침을 만나 볼 수 있습니다. 자신의 요가와 명상이 좋은 과실을 맺을 수 있게 중요한 표지가 되어 줄 것입니다.

욕망은 나쁜 것이 아닙니다. 우리가 욕망하기 때문에 요가 수련도 하는 것입니다. 하지만 욕망은 내려놓음과 균형을 이루어야 합니다. 이 책에서 말하는 폴 그릴리의 내려놓음은 다 버리고 '될 대로 되라.' 하는 것이 아니라 흐름을 관조하는, 목적 있는, 의식적인 내려놓음을 의미합니다.

요가 수련 안에서 육체와 정신을 관조하는 것은 자신을 바꾸는 과정이 아니라 진정으로 자신이 누구인지 알기 위해 노력하고 발견하는 과정입니다. 몸의 구조를 관찰하고 자신의 감각적 반응들과 감정, 그리고 정신이 서로에게 미치는 영향들을 알아차리면, 마침내 얻게 되는 혜안이 스스로 몸과 마음을 치유할 수 있는 지혜를 알려 줄 것입니다.

차 례

감사의 글

셀 수 없는 시간들을 함께 논의하고, 인요가 자세의 모델이 되어 준 나의 아름
다운 아내 수지, 삽화를 그려 준 앤 디살보와 브루스 베이어드, 이 책의 출판을
도와주신 화이트 클라우드 프레스 출판사의 스티브 샌더와 크리스티 콜린스,
그리고 나의 우유부단함에도 불구하고 이 책의 필요성을 끝까지 설득해 주신
화이트 클라우드 프레스 출판사의 스티브 숄에게 감사드립니다.

개정판 서문

이 책을 처음 출간하고 벌써 10년이라는 시간이 흘렀습니다. 덕분에 지난 10년 동안 가르침과 수련에서 배운 것들을 개정판에 반영할 수 있었습니다.

인요가의 정신적인 부분과 이론적인 부분을 더 심화하고, 수련에 필요한 체계적인 세부 사항들을 더했습니다. 책에서는 사람들이 요가를 수련하면서 마주하게 될 과정들을 다시 점검하고, 명상 부분을 완전히 탈바꿈하였습니다. 또한 인체 내부에 흐르는 기를 스스로 조절할 줄 아는 것이 육체에서부터 감정적, 영적 성장을 이끄는 연결고리라는 것을 증명해 보려고 했습니다.

읽는 이들이 어떤 요가를 선호하건 간에, 이 책에서 보여 주는 요가에 대한 윤곽들이 앞으로의 요가 여정에 도움이 되길 바랍니다.

인요가의
탄생 배경

인요가란 무엇인가

　인요가는 완벽한 수련법이 아닙니다. 저는 인요가를 하나의 독립된 수련 체계가 아닌 양적인 운동법을 보완하는 역할로 활용하는 것이 바람직하다고 생각합니다. 여기서 말하는 양적인 운동이란 움직임이 많은 양요가뿐 아니라 역도, 달리기, 자전거, 수영과 같이 근육을 많이 쓰고 혈액의 움직임이 빨라지는 운동을 의미합니다.

　인요가와 양요가는 서로 균형을 이룹니다. 인체 내부에는 기가 흐르는 길인 '경락'이 물이 다니는 길인 운하 시스템처럼 온 몸에 퍼져 있습니다. 양요가는 이 통로에 흐르는 수분의 흐름을 촉진하고, 인요가는 경락의 통로가 막히지 않도록 통로 안의 불순물을 제거해 줍니다.

　또한 감정과 정신의 측면에서도 인요가와 양요가는 서로 균형을 이룹니다. 인요가는 사람을 부드럽고 차분하게 만들어 주고, 양요가는 기운을 돋워 활기차게 해 주기 때문입니다. 각각의 다른 요가 스타일을 자기 상황에 맞게 수련할 수 있습니다.

　현대 사회는 지나치게 양적으로 치우쳐 있습니다. 삶은 경쟁과 연민, 혹은 야망과 만족 사이에서 늘 균형을 이루어야 좋습니다. 하지만 이런 균형들은 이미 오래전에 무너져 버리고 말았습니다. 부모는 성공을 위해 또는 빚을 지지 않기 위해 일에 매달리고, 정작 집들은 텅 비어 버렸습니다. 지나치게 양적인 자질을 강조함으로써 세상과 가족들의 영혼을 오염시키고 만 것입니다. 인요가가 이렇게 양적으로 치우친 삶의 균형을 되찾는 데도 도움을 줄 수 있을 것입니다.

하지만 이러한 불균형이 항상 양의 방향으로만 치우치는 것은 아닙니다. 사소한 것에 매우 예민하게 구는 사람을 '스님병에 걸렸다.'고 말하는데, 예전부터 이런 사람들에게는 하타요가, 쿵푸, 기공, 태극권 그리고 수도승들이 했던 양적인 운동법들을 권장했습니다. 또한 저는 정기적으로 운동하지 않는 환자는 받지 않는다는 어느 우울증 전문 심리치료사의 말을 들은 적 있습니다. 이렇게 인과 양은 건강한 삶을 살기 위해 꼭 필요한 부분들입니다.

몸으로 하는 운동들이 외적인 몸을 탄탄하게 만들어 주는 것처럼, 인요가 수련을 통해 내부의 평온함을 키울 수 있습니다. 한 자세를 5분 정도 유지하는 동안 육체와 정신이 차분해지고, 산만한 상황에서도 집중력을 잘 유지할 수 있는 능력을 기를 수 있습니다. 저는 관절의 유연성을 기르기 위해 인요가 수련을 시작했지만, 육체적인 편안함과 정신적인 차분함을 함께 배양할 수 있었습니다. 심도 있는 인요가가 있었기에, 저는 20년 동안 수련을 계속 이어 올 수 있었습니다.

지금은 전반적으로 요가가 널리 알려져 있고 사회적 인식 또한 좋습니다. 50년 전의 분위기와 비교해 볼 때 매우 큰 변화입니다. 제가 어렸을 적 할머니는 "요가를 할 시간이 있다면, 일을 해라." 하고 제게 말하곤 했습니다. 할머니 세대의 사고에서 보자면 요가는 시간 낭비였던 것입니다. 그러한 사고는 그 세대의 부산물이었습니다. 할머니는 기나긴 불황과 제2차 세계대전, 한국 전쟁, 베트남 전쟁 그리고 냉전을 지나왔고, 그 속에서 가족을 이루며 살았습니다. 그리고 그 세대의 사람들 대부분이 그러했듯 물적 생산과 생활 기반들을 다시 세우는 일들에 많은 시간을 써야만 했습니다. 2차 대전 후 베이비 붐 세대인 우리 세대는 우리 부모와 조부모 세대의 노동과 희생을 상속받았다고 할 수 있습니다. 우리는 그분들의 노고 덕분에 물질 만능의 시대에 살게 되었고, 그 시대에 가장 위협이 되었던 신체적 위험과 질병들로부터 벗어날 수 있었습니다.

그렇다면 우리는 다음 세대를 위해 무엇을 공헌하며 살아야 할까요? 저는 그 질문에 대한 대답이 '고결한 마음, 친절, 관용, 감사, 자족하는 삶'이라고 믿습니다. 하지만 충동적이고 어지러운 마음으로는 그런 삶을 살 수 없을 것입니다.

저는 행복이 다윈의 적자생존과 같은 것이라고, 극한 상황에 적응하는 자만이 살아남아 누리는 것이라고 생각하지 않습니다. 끊임없는 축적이 인간 삶의 목표는 아닐 것입니다. 자신의 욕망을 스스로 바라보고 그것을 추적하여 내려 놓을 줄 아는 덕을 지니고, 친절과 관용을 베풀며, 감사와 만족이 가득한 삶을 살고자 노력하는 방향일 것입니다. 만약 우리 세대가 이런 덕망들을 배양하는 실용적인 수련법들을 다음 세대에게 물려 줄 수 있다면, 저는 다음 세대에 대한 우리의 책임을 다했다고 생각합니다.

인요가를 탄생시킨 세 가지 맥락

인요가라는 하나의 줄기에 엮인 세 가지 맥락을 대표하는 세 스승님께 저는 이 책을 헌정하고 싶습니다. 첫 번째는 저의 해부학 선생님이신 게리 파커 교수님입니다. 그분은 제게 인체의 움직임에 대한 과학적 원리를 이해할 수 있게 알려 주시고, 개념들과 용어들을 습득하여 혼자 해부학을 막힘없이 공부할 수 있도록 이끌어 주셨습니다. 뿐만 아니라 1980년 플랫헤드 밸리 커뮤니티 대학에서 제가 처음으로 요가 수업에 도전할 때 아낌없는 격려와 용기를 주셨습니다. 게리 파커 교수님 덕분에 요가에 대한 저의 관점이 해부학을 바탕으로 형성되었고, 저는 언제나 이것에 대해 감사하게 여기고 있습니다.

두 번째는 숙련된 무술인이자 도교요가를 가르쳐 준 폴리 징크 선생님입니다. 1989년에 저는 처음으로 그에게 도교요가의 기본을 배웠습니다. 제가 처음 폴리 징크 선생님을 본 것은 무술에 헌신하는 사람들을 소개하는 방송 토크쇼였습니다. 그는 주어진 질문에 친절하고 차분하게 대답하였고, 다른 무술인들처럼 도전적인 눈빛으로 거만하게 으스대는 면은 찾아볼 수 없었습니다. 그는 무술 수련의 기본이 되는 요가 동작들을 간단히 보여 주었는데, 저는 그 모습에 큰 감명을 받았습니다. 그 후 저는 폴리에게 연락을 시도하였고, 친절하게도 그는 자신의 도교요가 수업에 나를 초대해 주었습니다. 폴리 선생님은 충분한 대화와 함께 한 자세를 5분에서 10분씩 유지시키며 수업을 이끌어 주었습니다. 거의 두 시간 가까이 바닥에서 하는 자세를 하고 일어나 동물의 움직임을 모방한 양의 움직임들을 수련했습니다. 모든 면에서 제가 그동안 가르쳤던 하타요가와는 다른 방식이었고, 저는 완전히 매료되었습니다.

함께 수련한 기간이 1년 즈음 지나자, 인요가에 대한 기본 원리를 완전히 이해할 수 있게 되었습니다. 그때 도교요가를 향한 저의 관심은 발차기나 펀치가 포함된 양적인 움직임보다는 오로지 바닥에서 하는 수련법에 향해 있었습니다. 그 무렵 그가 가르치는 도교요가의 전반적인 면들을 배우길 원하는 수련생들이 여럿 생겼습니다. 저는 그와 함께 더 수련하는 것이 시간을 너무 빼앗는 일 같아 죄책감이 들었습니다. 그와 그의 수련생들 입장에서 부당한 일이라는 생각이 커지면서 저는 폴리 선생님과의 수련을 그만두었습니다.

바닥에 앉아 한 자세를 긴 시간 유지하는 인의 방식을 제 수업에서 가르치기 시작했을 때, 요가 학원에서 이런 방법의 요가 수업을 알리기 위해 이름을 만들 것을 권했습니다. 비록 저의 수업 안에는 폴리 선생님의 도교요가와는 다르게 전통 하타요가 자세들이 많이 포함되어 있지만, 길고 느린 지속성은 제가 이전에 가르쳤었던 하타요가와 확실히 달랐습니다. 저는 폴리 징크 선생님에 대한 존경과 감사를 표현하기 위해 '도교요가'라는 이름을 10년 동안 사용했습니다.

마지막 세 번째 주인공은 바로 히로시 모토야마 박사님입니다. 그는 일본 신토의 종교지도자이고, 철학과 생리심리학 박사입니다. 그는 차크라와 경락이 실제로 존재한다는 것을 여러 실험을 통해 객관적으로 입증해 냈습니다. 저는 모토야마 박사의 『차크라 이론』이라는 책을 읽고 완전히 매료되어 1990년 이후 아내와 함께 그의 제자가 되었습니다. 우리는 일본과 캘리포니아 앤시니타스에 있는 그의 모교를 방문하여 많은 시간을 함께하였고 요가와 명상 수련에서 큰 영향을 받았습니다. 모토야마 박사는 침술학에서 언급되는 경락시스템이 수분이 많이 차 있는 통로로서 인체에 셀 수 없이 퍼져 있다는 것을 밝혔습니다.

우리는 뒤에서 이에 대한 많은 것들을 다시 논의할 것입니다. 다만 지금은 고대의 요가 이론들을 다시 한번 확인하고 왜 다양한 요가 체계들이 개발되었으며, 인체에 어떤 작용을 하는지를 설명하는 것만으로 충분할 것 같습니다.

사라 파워스와 인요가라는 이름

정리하자면 인요가의 세 가지 맥락은 파커 박사로부터 배운 해부학, 폴리 징크로부터 배운 수련법, 그리고 모토야마 박사의 경락 이론입니다. 하지만 사라 파워스가 아니었다면 이 모든 것들이 지금처럼 많은 사람들의 관심을 받지는 못했을 것입니다.

2000년에 나와 아내 수지는 캘리포니아의 버클리에서 도교요가 워크숍을 진행했고, 이 워크숍의 일원으로 참여한 사라 파워스와 타이 파워스를 만났습니다. LA에서 살던 무렵 서로 왕래하며 지내던 사이였는데, 1994년에 나와 수지는 오리건 주의 애슐랜드로, 사라와 타이는 샌프란시스코 지역으로 이사하면서 떨어져 지내게 되었습니다. 그러던 그녀가 다시 도교요가에 관심을 갖고 이 워크숍에 참석한 것입니다.

버클리 워크숍 이후, 사라는 세계 여러 곳을 여행하며 요가 강의를 했습니다. 그녀는 바닥에 앉아 긴 시간 자세를 유지하는 방법을 자신의 수업에 도입하였고, 서 있는 자세들을 포함하여 계속 움직이는 요가를 양요가, 바닥에서 오랫동안 유지하는 요가를 인요가라고 학생들에게 설명했습니다. 그리고 수련생이 인요가에 대해 물었을 때, 사라는 친절하게도 나의 수업을 추천해 주었습니다. 그리하여 저는 여러 요가 학원에서 인요가 워크숍을 열지 않겠냐는 제의를 받았고, 그 제의를 감사의 마음으로 받아들였습니다. 1년 후 도교요가에 대한 간단한 전문서적을 만들면 편리하겠다는 생각이 들었습니다.

출판을 준비하며 '도교요가'라는 이름은 인요가와 양요가가 모두 포함된 의미이기 때문에 그 이름으로 출판하는 것은 적절하지 않다고 판단했습니다. 그래서 우리는 『인요가』라는 이름으로 책을 출간했습니다.

인요가는 새로운 요가인가?

인요가는 새로운 요가가 아닙니다. 인요가는 인도의 전통요가 수련법과 현대요가 수련법을 통틀어 더 부드럽고 근육의 노력이 덜한 수련법을 구분하기 위해 만들어진 용어입니다.[1]

요가 수련법에 왜 이런 대조적인 차이가 만들어졌는지 이해하기 위해 지난 30년 동안의 요가 역사를 간단히 살펴보겠습니다.

하타요가는 1890년부터 미국의 체육 문화의 일부로 스며들기 시작했지만, 인기가 그다지 없었습니다. 당시 대부분의 미국인은 하타요가가 불순한 의도를 품은 힌두교 전도자들이 가르치는 수련일 거라는 식으로 기이하고 미심쩍게 생각했습니다. 예외는 조금 있었지만, 그때까지 하타요가를 가르치는 방식은 몇 가지 서서 하는 자세와 앉아서 하는 자세들 그리고 부드러운 호흡법으로 이루어져 있었습니다. 지금의 현대요가보다는 온화하고 단순한 방식이었기 때문에, 매우 인적인 방식에 가까웠다고 할 수 있습니다. 당시 운동 강사들은 에어로빅이나 체조처럼 미용을 목적으로 많이 움직이고 근육을 단련하는 방식들을 주로 가르쳐 왔는데, 하타요가는 그와 달리 많은 움직임이 없어 매우 지루하게 여겨졌습니다.

1970년대에는 요가가 더 널리 수용되긴 했지만 1980년대까지도 에어로빅, 웨이트 리프트 등의 운동과 비교해 여전히 최하위의 비인기 운동이었습니다. 하지만 어떤 커다란 변화가 시작되고 있었습니다. 머지 않아 매우 양적이고, 강하고, 섹시하고, 땀을 흘리며, 근육을 많이 사용하는 방식의 요가가 큰 파도를 몰고 들어와 미국 서부 지역의 해안을 강타하며 그 이전의 다른 요가 방식들을 모두 휩쓸어 버렸습니다.

오늘날 요가의 대중화를 이끌어 낸 것은 파타비 조이스가 가르쳤던 아쉬탕가-빈야사²에서 파생되어 여러 형태로 변형된 요가들입니다. 요가의 수련법 안에는 가장 인적인 회복요가³에서 가장 양적인 아쉬탕가-빈야사요가까지 다양한 방법들이 있습니다. 이전에 수십년 동안 행해졌던 부드럽고 고요한 요가 방식들은 계속 밀려드는 빈야사요가에 의해 점점 침몰되었습니다. 그리고 현재까지도 체육 문화의 주류들이 관심을 갖는 요가는 근육을 단련하며 땀을 많이 흘리는 양적인 방식입니다.

저는 1985년에 데이비드 윌리엄 선생님에게 아쉬탕가-빈야사요가를 배웠습니다. 1960년에 데이비드가 처음 요가를 배울 당시, 요가는 부드러운 인의 방식이었다고 합니다. 후에 그는 배움의 필요성을 더 느끼고 인도로 가게 되었고, 한 공공장소에서 체조 시연을 보게 되었습니다. 그는 그 체조 시연을 관심 있게 보다가 이것이 어떤 전통에서 전해 내려온 것인지 물었고 "요가의 한 종류입니다."라는 대답을 들었습니다. 마치 곡예를 하는 듯한 움직임, 자세를 멈추지 않고 끊임없이 이어가는 흐름을 보며 데이비드는 "저건 요가가 아니에요!"라고 외쳤다고 합니다. 이런 데이비드의 반응은 요가의 세계에 얼마나 큰 변화가 일어났는지를 잘 보여 주는 예일 것입니다.

다시 말하지만, 1970년대 후반과 1980년대 초기에 걸쳐 아쉬탕가-빈야사요가에서 영감을 받아 파생된 빈야사 또는 양적인 요가들이 아주 빠르게 유명해졌습니다. 양요가들이 유행하면서 전통요가들은 점점 사라지고 접해 볼 기회도 없어졌습니다. 당시 대부분의 사람들은 '요가'라고 하면 아쉬탕가-빈야사에서 파생된 양의 요가들을 떠올렸습니다. 그리고 1992년 제가 인요가를 가르치기 시작했을 때 사람들은 이것을 매우 새롭게 받아들였습니다. 아직도 여전히 양요가들의 인기는 계속되고 있지만 인요가의 인기 또한 점차 증가하고 있습니다. 이러한 현상은 결국 수련과 우리의 삶을 포함하여 모든 측면에서 인과 양의 균형이 필연적이라는 것을 의미합니다.

대부분의 요가인들, 심지어 양의 방식의 요가에 헌신하는 사람들조차도, 요가를 하다 보면 자신만의 인요가를 스스로 개발하여 수련합니다. 매번 인요가 워크숍을 진행할 때마다 저는 "이런 방식의 요가를 수년 동안 수련해 왔지만 이 요가의 이름은 몰랐어요!"라는 말을 듣습니다. 재능 있는 요가 선생들은 언제나 자신의 수련 속에서 자연적 치유의 힘을 가진 인요가를 재발견해 왔습니다. 인요가는 그들의 수련에서 부족한 부분을 보완하고 그들의 수련을 더 개발시켜 확립하는 데 늘 큰 역할을 해 왔습니다. 인요가는 어디서나, 누구에게서나 자연스럽게 시작될 수 있는 치유의 수련법입니다.

CHAPTER 1

요가,
오래된 과학

세 가지 차원의 몸 Three bodies

높은 경지에 올랐던 고대의 요가 수련자들은 한 인간의 고유한 특징을
만드는 세 가지 차원의 몸이 있다고 보았습니다.

1. 믿음과 사상을 담은 정신의 몸
2. 욕망과 감정을 담은 감정의 몸
3. 물질적 실체로 채워진 육체의 몸

우리의 의식은 다양한 차원의 몸들에 제한되지 않는다고 영적 현자들
은 말합니다. 체계적인 수련을 통해 세 가지 차원의 몸에서 해방되어 우
주와 통합하는 경험을 할 수 있기 때문입니다. 우주와의 통합은 현존이
주는 모든 제한들을 넘어선 상태입니다.

차크라, 기, 경락

요가는 세 가지 차원의 몸에 갇혀 있는 우리의 의식을 해방하기 위한 체계적인 수련법들이 담긴 고대의 과학입니다. 모든 과학에는 이론적인 측면과 실천적 측면이 있습니다. 먼저, 우리는 요가 이론의 중요한 세 가지의 기둥(골격)을 알아보겠습니다.

1. 세 가지 차원의 몸들은 서로 연결되어 있고 에너지가 흐르는 척추 안의 특별한 중심부를 통해 서로에게 영향을 준다. 이것을 '차크라'라고 한다.

2. 차크라들을 통해 흐르는 에너지들을 '기'라고 한다.

3. 에너지(기)가 온몸으로 흐를 수 있도록 퍼져 있는 통로들을 '경락'이라고 한다.

탄트라[4]와 도교 사상가들의 근본적인 목적은 기(에너지)와 의식을 하나로 통합하여 차크라로 모으는 것입니다. 끊임없는 노력을 통해 이것에 숙달되면, 감정적 집착과 잘못된 인식들에 대한 자각을 더 많이 할 수 있습니다. 우리가 인내심을 가지고 감정적 집착들과 잘못된 인식들을 해결할 수 있다면, 우리의 기(에너지)와 의식은 세 개의 몸에서 벗어나 상상할 수 없는 지혜와 축복의 영역으로 확장됩니다.

기를 경험하는 세 가지 방식

명상을 하는 도중 일어나는 모든 현상들은 '육체, 감정, 정신'의 세 가지 차원의 몸에서 일어나는 기(에너지)의 반응입니다.

육체의 차원에서 일어나는 반응은 다양합니다. 평소와 다르게 신체 일부가 크게 자각되거나, 경락을 통해 흐르는 기(에너지)가 기분 좋은 감각으로 느껴지거나, 경락의 흐름이 막힌 부분이라면 불편함으로 느껴지기도 합니다.

감정의 차원에서 기의 현상은 기억과 욕망의 형태로 나타납니다. 내용에 따라 어떤 기억이나 감정들은 충격이 작을 수 있고, 때로는 너무 놀랍고 매우 충격적일 수도 있습니다. 보통 이것은 오랫동안 눌러놓고 거부했던 무의식의 감정들이 올라오는 것입니다. 이것을 해결하기 위해서는 강한 감정을 일으키는 내용을 대면하고 관찰하여 이것이 어디서부터 시작된 것이고 어떻게 진행되었는지 정확히 살펴보아야 합니다.

정신의 차원에서 기의 현상은 육체적 몸과 감정의 몸보다 더 미묘하고 감지하기 어렵습니다. 자신의 내면을 바라보는 명상 수련이 깊어질수록 자신의 성격과 됨됨이를 만드는 정신적 근간을 마주하게 됩니다. 종교적 신념이나 사회적 정의감 같은 것이 여기에 속합니다. 이런 정신적 근간을 마주하게 될 때, 자신의 신념을 잃어버린다고 걱정할 필요는 없습니다. 이것은 자신의 신념에 대한 객관적 평가를 의미하는 것으로 수정을 할 수도, 놓아줄 수도, 간직할 수도 있습니다. 이것은 자신의 신념을 더 깊고 강하게 만들어 주어 타인이 가지고 있는 신념을 비판하거나 거부하지 않고 받아들일 수 있는 수용의 힘을 길러 줍니다.

에너지 시스템을 바라보는 두 가지 관점

세계 역사의 순환기를 바라보는 몇 가지 관점에 의하면 BC 800년은 영적인 암흑기였습니다. 암흑기 이전 인도와 중국의 문명은 예술과 과학 분야에서 엄청난 업적을 만들어 냈습니다. 하지만 이 어둠의 시기에 사람들은 야수처럼 당장 앞에 보이는 이익만 좇게 되면서 많은 전쟁들이 일어났습니다. 그들은 이기심, 무지와 편협함으로 학교를 닫고, 사원을 약탈했으며, 도서관도 불태워 버렸습니다.

현재 우리가 접할 수 있는 것들은 한때 잘 발달했었지만 난파된 고대 과학의 파편들입니다. 그럼에도 불구하고 고대 과학의 뼈대들은 근본적으로 탄탄했기 때문에, 현대의 과학은 그것을 다시 재건하려는 노력을 하고 있습니다.

이 어둠의 시기를 지나 다행스럽게도 역동적인 두 개의 의료 체계가 현재까지 우리에게 전해 내려왔습니다. 두 개의 의료 체계는 인도의 탄트라와 중국의 도교에 뿌리를 두고 있습니다.

탄트라 용어에서는 에너지를 '프라나'라고 하고, 프라나를 조절하는 중심부를 '차크라'라고 부르며, '프라나'가 흐르는 통로를 '나디'라고 합니다. 도교에서는 에너지를 '기'라고 하고, 기를 조절하는 중심부를 '단전'이라 부르며, 기가 흐르는 통로들을 '경락'이라고 합니다.

현재까지 전해 내려오는 탄트라 서적 중에는 나디에 대해 자세히 기록한 책을 찾아보기 힘듭니다. 하지만 차크라에 대해서는 매우 상세히 기록되어 있습니다. 이와 반대로 도교의 서적들은 경락의 체계를 매우 자세히 기록하고 있으나, 단전에 대해 자세히 기록된 서적들은 드뭅니다. 그래서 우리는 앞으로 차크라에 대해 논의할 때는 탄트라 용어를 사용하고, 경락이나 기에 대해 논의할 때는 도교의 용어를 사용할 것입니다. 이것은 같은 체계를 다른 용어로 설명하고 있는 두 개의 전통을 함께 비교해 보며 이해를 높이기 위해서입니다.

히로시 모토야마 박사는 두 전통에서 말하는 기와 차크라, 경락의 유사성, 도교와 탄트라 사이의 연관성을 상세히 설명해 주셨습니다. 더 관심이 있는 독자들에게 모토야마 박사님이 쓰신 『차크라 이론』이라는 책을 추천하고 싶습니다.

새로운 병에 담긴 오래된 와인

도교요가 수련자들은 의식을 해방하기 위해 척추 내부로 흐르는 기의 흐름을 조화롭게 하는 수련을 하였습니다. 그들은 섬세한 직관력을 통해 침술학에서 말하는 '경락'에 흐르는 기의 움직임을 감지하였고, 이것을 조절하기 위한 명상 기술과 호흡법들을 개발하였습니다. 이를 체계화하여 기록으로 남긴 것들이 태극권, 쿵푸입니다.

인도의 요가 수련자들 또한 명상을 위해 긴 시간을 앉아 있으면서 일어나는 육체적 고충들을 덜기 위해 그들만의 수련법과 자세들을 개발했습니다. 이것을 체계화하고 기록으로 남긴 것이 하타요가입니다.

요즘은 도시마다 요가 학원들이 있고, 고대로부터 내려오는 의학 체계의 효능을 즐기고 수련하는 사람들로 가득합니다. 이 와중에 놀라운 것은 이런 고대 수련법의 탄탄한 이론적 기반을 현대 과학은 지금까지도 무시하고 묵살한다는 것입니다.

현대 경락 이론

모토야마 박사는 과학자이자 신토의 종교지도자입니다. 그는 어렸을 때부터 신토의 계율을 따라 사는 종교적 수련과 요가의 명상 수련을 병행했습니다.

모토야마 박사는 지난 40여 년간 명상 수련 속에서 겪는 자신의 직관적 경험과 다른 수련자의 경험들을 기반으로 한 과학적 데이터를 모았고, 이를 바탕으로 우리 몸속에 있는 에너지 통로의 존재를 증명하는 데 몸을 바쳤습니다. 또한 그는 전기 계기를 이용하여 우리 몸속에 에너지 통로가 있으며, 그것이 수분이 풍부한 통로로 결합조직[5] 내에 위치한다는 것을 보여 주었습니다. 더 놀라운 것은 실험들을 통해 조사된 에너지의 흐름이 고대에서 언급하는 경락에 관한 설명과 거의 일치한다는 것입니다.

모토야마 선생님의 통찰이 정확하다면, 인체 내에 결합조직이라 불리는 것들은 우리가 흔히 생각할 수 있는 교과서적인 의미보다 훨씬 더 방대한 기능을 한다고 볼 수 있습니다. 실제로 결합조직은 모든 조직, 세포 그리고 내장기관들이 살아갈 수 있도록 에너지를 전달해 주는 살아 있는 조직망입니다. 저는 이것을 현대 경락 이론이라고 부릅니다.

결합조직 Connective Tissue

인체 도처에 퍼져 있는 결합조직의 기능은 단순히 몸의 조직을 연결하고 구분하는 것이 아닙니다. 이것이 2007년 보스톤, 2009년 암스테르담, 그리고 2012년 벤쿠버에서 열린 파시아[6] 연구 학회에서 전한 메시지입니다. 이 학회에 참석한 과학자들은 결합조직의 전기전도율, 수분의 구조, 세포의 수축과 확장이 어떻게 세포의 기능을 조절하는지에 대한 연구들을 발표했습니다. 이 모든 연구들은 모토야마 박사님의 현대 경락 이론을 직간접적으로 확장하거나, 보완 또는 입증하는 주제들이었습니다.

우리 몸의 모든 장기와 근육 그리고 뼈들은 결합조직으로 형성되어 있습니다. 결합조직은 주머니와 튜브 모양의 공간에 인체를 이루는 100조 개의 세포들이 끼워져 있으며 마치 스펀지와 흡사한 구조로 서로 연결되어 있습니다.

아래는 제임스 오스먼 박사가 현대 과학이 결합조직과 경락 체계를 바라보는 관점을 요약해 놓은 글입니다.

결합조직과 파시아는 세포의 가장 중심부를 포함한 동물의 몸 전체에 역학적 연속성을 가지고 퍼져 있다. 인체 내부의 순환계, 신경계, 근골격계, 소화계 등의 거대한 시스템과 다양한 장기들 모두가 그물망 같은 결합조직에 의해서 연결되고 건축되며 그 모양을 이룬다. 이 그물망은 생물체들의 전체 모양뿐 아니라 작은 부분의 정밀한 설계까지 결정한다.

결합조직을 타고 흐르는 긴장이 몸 전체 혹은 부분으로 전달되면서 몸의 움직임이 만들어진다. 결합조직의 내부를 잘 들여다보면 스펀지 구조와 흡사한 크리스탈 격자 모양을 하고 있다. 움직임으로 인해 결합조직이 긴장하고 압축할 때마다 격자모양의 조직망은 각각의 움직임에 해당하는 고유의 생체 전기를 발생시키는데, 이런 생체 전기는 격자모양의 조직망을 타고 몸 전체로 흐르며 온몸을 하나로 연결한다.

이렇게 온몸의 통신망 역할을 하는 결합조직은 동양의 전통 의학에 언급되는 경락의 체계이고, 인체의 모든 부분으로 셀 수 없이 퍼져 있다. 생체 전기 신호가 결합조직을 타고 흐르는 동안 생체 전자파는 몸을 싸고 있는 주변의 공간으로 퍼진다. 움직임으로 인해 결합조직이 긴장하거나 압축할 때마다 생체 전기는 결합조직을 타고, 또 생체 자기장은 몸의 주변의 공간을 타고 몸 안에 있는 다양한 세포에게 적절한 반응을 하도록 정보를 제공한다.[7]

기란 무엇인가?

모토야마 박사를 비롯한 다른 과학자들이 경락에 흐르는 에너지를 연구하며 측정한 것은 기 자체가 아닙니다. 직접적으로 기를 측정할 수는 없지만, 전기나 화학적 변화를 통해 기의 에너지를 측정할 수 있습니다. 이해를 돕기 위해 현대 물리학의 이론을 비유해 보겠습니다. 태양 에너지가 지구에 도착하여 대기권 상층부에 부딪히면 이 에너지는 공기의 움직임으로 바뀌게 됩니다. 공기의 움직임은 바람을 일으키고 바람은 바다를 움직여 파도를 일으킵니다. 파도는 해변으로 밀려와 모래에 부딪혀 수많은 모래의 작은 진동이 됩니다. 태양 에너지가 햇살, 공기, 물, 모래를 직접 만드는 것은 아니지만, 지구에 존재하는 모든 것들의 움직임으로 그 존재를 드러냅니다.

기 또한 마찬가지입니다. 기가 전기나 화학적 반응 혹은 감정이나 기억과 생각 자체는 아니지만, 이 모든 것은 인간의 세 가지 차원의 몸에 나타나는 기의 발현체들입니다.

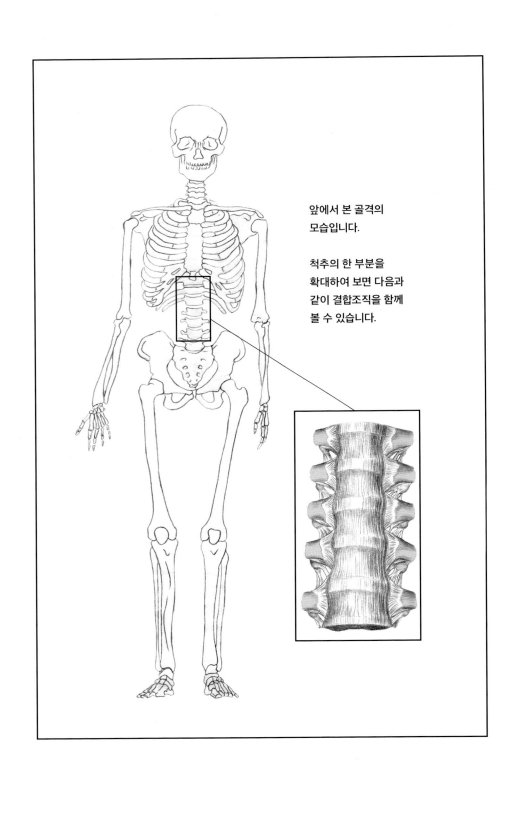

앞에서 본 골격의
모습입니다.

척추의 한 부분을
확대하여 보면 다음과
같이 결합조직을 함께
볼 수 있습니다.

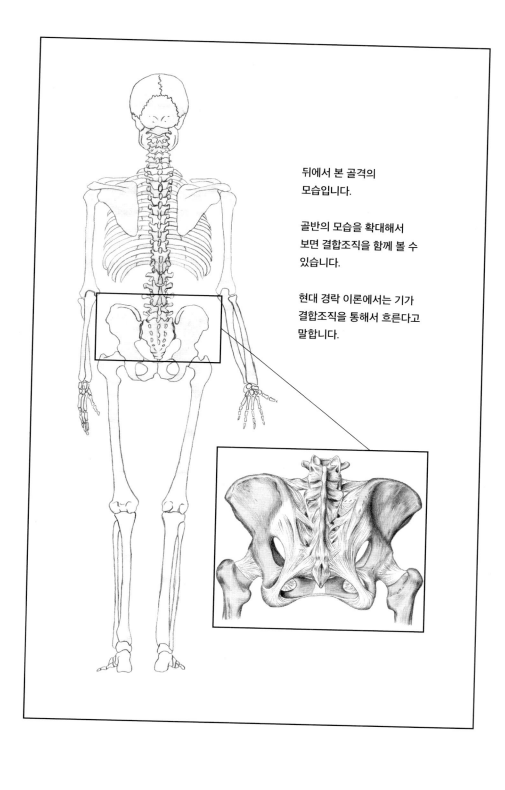

뒤에서 본 골격의
모습입니다.

골반의 모습을 확대해서
보면 결합조직을 함께 볼 수
있습니다.

현대 경락 이론에서는 기가
결합조직을 통해서 흐른다고
말합니다.

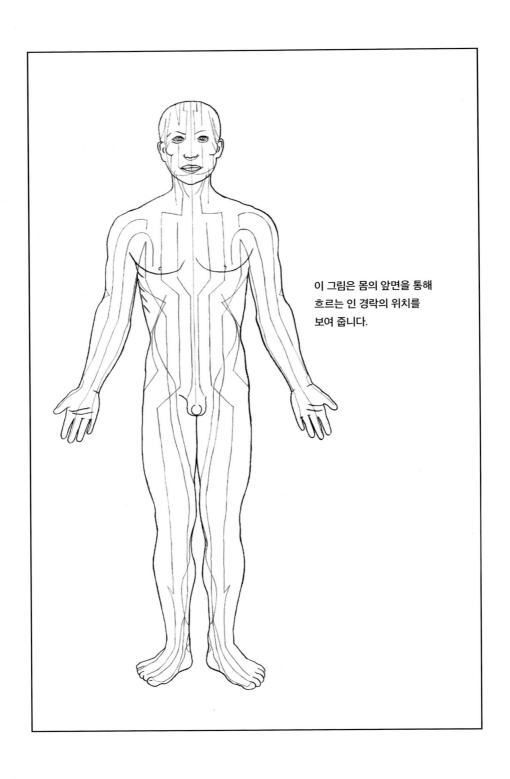

이 그림은 몸의 앞면을 통해
흐르는 인 경락의 위치를
보여 줍니다.

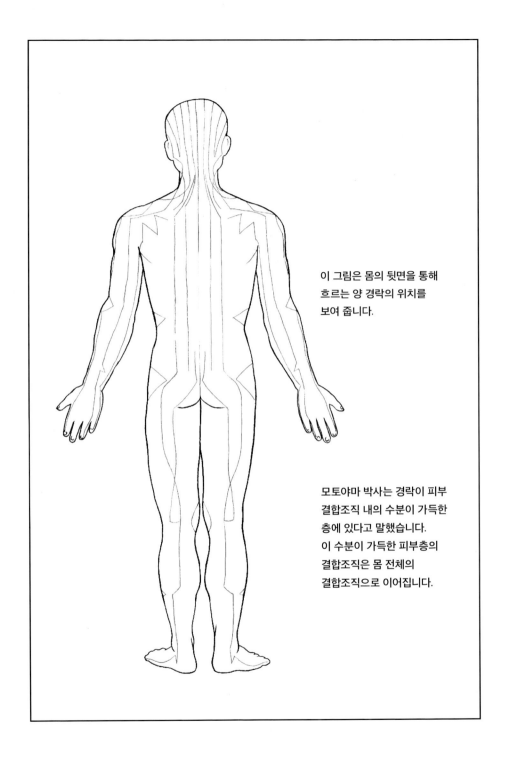

이 그림은 몸의 뒷면을 통해
흐르는 양 경락의 위치를
보여 줍니다.

모토야마 박사는 경락이 피부
결합조직 내의 수분이 가득한
층에 있다고 말했습니다.
이 수분이 가득한 피부층의
결합조직은 몸 전체의
결합조직으로 이어집니다.

CHAPTER 2.

요가에도
인양이 존재한다

인과 양

현대 경락 이론이 요가 수련과 어떻게 연결되는지를 이해하기 위해서는 도교 전통에서 내려오는 인양의 개념을 먼저 살펴봐야 할 것입니다.

인과 양이란 우주에서 일어나는 모든 현상을 설명하는 용어입니다. 인은 고정적이고, 움직임이 없으며, 감춰진 성격을 말합니다. 양은 변화하고 움직이며 드러나는 성격을 말합니다. 이들은 항상 공존하기 때문에, 하나가 없으면 다른 하나는 존재하지 않습니다. 우주에 존재하는 모든 것은 인과 양으로 설명할 수 있습니다. 돌, 말, 몸, 인생, 생각들조차도 인과 양의 측면들을 가지고 있습니다.

아래의 표는 인과 양의 대조적 특성들을 보여 줍니다.

인	양
숨김	드러남
어두움	밝음
추움	뜨거움
고정	움직임
아래	위
땅	하늘
차분함	들뜸

인과 양은 상대적이다

인양은 언제나 상대적이고, 다각적인 면 중에서 어떤 면을 조명하는가에 따라 그 성질이 달라집니다. 예를 들어 위치를 기준으로 보면, 심장은 갈비뼈보다는 인에 가깝습니다. 왜냐하면 심장의 위치가 갈비뼈보다 더 안쪽에 있기 때문입니다. 하지만 움직임을 기준으로 보면, 갈비뼈보다 움직임이 많은 심장이 양이라고 할 수 있습니다.

하나의 대상에서 어떤 면이 인이고 어떤 면이 양인지를 구분하는 것은 쉽지 않습니다. 방을 예로 들어 보면, 방이라는 공간은 벽에 둘러싸여 만들어져 있습니다. 여기서 벽은 단단하게 차 있기 때문에 인이라 할 수 있고, 공간은 비어 있기 때문에 양이라 할 수 있습니다. 하지만 벽은 눈에 보이기 때문에 양이라 할 수도 있고, 공간은 직접 감지되지 않아서 인이라 할 수도 있습니다. 어느 것이 인이고, 어느 것이 양인지를 구분하는 것은 쉽지 않지만, 분명한 것은 벽과 공간은 인양의 관계로 공존한다는 점입니다.

인과 양이 명확히 구분되는 요가는 존재하지 않습니다. 모든 요가 수련 방법은 인과 양의 관계로 설명할 수 있으며 이것에 대한 분류는 요가 수련 안에 어떤 측면이 더 고려되었는가에 달렸습니다. 움직임과 정지를 기준으로 인양을 나눈다면, 당연히 움직임이 많은 요가 스타일이 양이 됩니다. 하지만 얼만큼 힘을 주거나 빼느냐를 기준으로 생각해 보면, 힘을 주어 거꾸로 오래 서는 것이 부드럽게 움직이는 빈야사요가에 비해 양이 될 수도 있습니다. 이 책에서는 자극의 중심이 되는 인체 내 조직의 탄력성으로 인양을 구분할 것입니다.

근육은 양,
결합조직은 인

요가는 인체의 어떤 조직에 자극을 줄 것인지에 따라 인요가와 양요가로 나눌 수 있습니다. 근육 단련과 혈액의 흐름을 촉진하는 수련법은 양요가이고, 결합조직을 자극하는 수련법은 인요가입니다.

요가 자세를 취할 때, 근육과 관절의 결합조직은 함께 당겨지면서 스트레칭이 됩니다. 이 둘을 서로 비교하자면 결합조직은 근육에 비해 뻣뻣하고 탄력이 적어 인이고, 근육은 부드럽고 탄력이 좋아 양입니다.

두 조직의 탄력성이 다르다는 것을 좀 더 쉽게 이해하기 위해 칠면조를 자른다고 상상해 봅시다. 칠면조 다리의 부드러운 고기는 근육이고, 뚝 끊어서 부러뜨려야 하는 관절 부위의 딱딱한 연골은 결합조직입니다.

책의 앞쪽에서 결합조직이 몸속 곳곳에 퍼져 있다고 밝힌 것을 생각해 보면, 근육과 결합조직의 경계를 정확히 가르는 것은 쉬운 일이 아닙니다. 근육의 탄력성은 오로지 근육만 있어서 가능한 것이 아니라, 근육을 싸매고 있는 결합조직 안에 수분과 단백질 성분이 더해져서 만들어지는 것입니다.

마찬가지로 근육과 뼈를 이어 주는 건, 그리고 뼈와 뼈를 이어 주는 인대도 결합조직에 의해 각자의 성질에 맞는 탄력성을 가지고 있습니다. 이제부터는 근육과 건을 함께 묶어서 '근육'이라 부르고, 인대와 파시아를 묶어서 '결합조직'이라고 칭할 것입니다.

근육을 단련하는 양요가

조깅, 수영, 웨이트 리프팅 같은 양적인 운동법의 특징은 반복적 움직임에 있습니다. 일정한 리듬에 따라 근육의 수축과 이완을 계속 반복하는 것은 근육 훈련에 매우 효과적입니다. 인기가 많은 아쉬탕가-빈야사나 파워요가 스타일도 모두 반복과 리듬을 가진 양의 운동법에 속합니다. 무술, 체조, 무용을 하는 사람들도 역시 반복과 리듬을 가진 양의 방법으로 유연성을 기릅니다.

근육은 수분이 가득한 튜브 다발입니다. 격렬한 운동 중에는 근육 내 수분의 함량이 90%까지 증가합니다. 근육 내 수분의 함량에 따라 근육의 탄력성도 크게 달라지는데, 이는 스펀지와 매우 흡사합니다. 물을 많이 머금은 스펀지는 쉽게 늘리고 비틀 수 있지만, 바짝 마른 스펀지는 늘리다 찢어질 수 있습니다. 이런 점 때문에 대부분 요가를 할 때는 서거나 뒤집는 자세를 통해 혈액이 근육으로 많이 몰리게 하여 탄력성을 증가시킵니다. 그래서 대부분의 요가 수련자들은 근육을 많이 쓸 수 있는 서서 하는 자세들과 역 자세들을 좋아합니다.

근육 운동은 뼈의 건강에도 도움이 됩니다. 근육들이 뼈를 힘차게 잡아당길 때, 뼈는 더 두꺼워지고 강해집니다. 법의학자들은 죽은 사람들의 뼈만 조사하고도 그들이 주로 앉아서 생활하는 귀족이었는지, 평생을 밖에서 일했던 소작농이었는지를 예측할 수 있습니다. 이런 이유로 의사들은 골다공증의 예방책으로 부드러운 운동보다는 힘찬 운동을 처방합니다.

결합조직을 단련하는 인요가

인요가는 결합조직을 부드럽게 당겨 유지하는 방법입니다. 육체적 건강 만큼이나 정신적 건강을 지키는 것도 중요한데, 긴장 없는 가벼움의 느 낌은 튼튼한 근육에서 오는 것이 아니라 관절의 유연함에서 옵니다.

우리는 주변에서 건장한 성인 중에도 허리와 다리 관절의 문제로 불편 함과 육체적 장애를 겪는 사람들을 자주 볼 수 있습니다. 운동선수들은 대부분 근육의 문제가 아니라, 관절의 문제로 은퇴합니다. 발목, 허리, 무 릎 관절 등의 문제는 운동선수만큼이나 노인들에게도 흔한 문제입니다. 인요가는 관절을 이루고 있는 결합조직을 부드럽게 스트레칭 하여 관절 의 건강을 도모하는 방법입니다.

처음 접하는 사람들에게는 인요가 운동법이 낯설게 느껴질 수도 있습 니다. 대부분의 사람들은 운동을 통해서 근육이 줄기도 하고 늘기도 한 다는 점에는 동의하지만, 결합조직은 비활성적이고 변하지 않는다고 생 각하기 때문입니다. 하지만 이것은 사실이 아닙니다. 인체를 이루는 모든 조직은 스트레스에 반응하고 적응하며 변화하고 있습니다.

관절을 움직이지 않는다면 결합조직은 짧아질 것입니다. 몇 년 동안 움 직이지 않은 척추와 무릎을 다시 움직이려 한다면, 결합조직이 단단해지 고 짧아져서 움직이기가 어려울 것입니다. 관절을 유연하게 유지하기 위 해서는 반드시 관절 운동을 해야 합니다. 하지만, 관절 운동을 근육 운 동과 같은 방법으로 해서는 안 됩니다. 관절은 인의 방법으로 운동해야 합니다.

관절에도 운동이 필요하다

부드럽게 관절을 스트레칭 하는 것은 근육에 힘을 주어 바벨을 들어올리는 것만큼이나 몸에 어느 정도의 부담을 줍니다. 두 가지 방식 모두 부상의 가능성이 있지만, 그렇다 하더라도 둘 다 근본적으로 문제가 있는 것은 아닙니다.

같은 관절 운동이라 하더라도 강하게 반동을 주며 관절을 누른다면 당연히 관절에 손상을 주어 다치게 됩니다. 그런데 반동을 주는 것은 양의 운동법이지 인의 방법이 아닙니다. 관절은 그렇게 양의 방법으로 운동해서는 안 됩니다.

이해를 돕기 위해 치아를 생각해 봅시다. 치아는 뼈처럼 고정되어 있고 움직이지 않는 것처럼 느껴지지만, 치아도 변한다는 것을 우리는 경험으로 알고 있습니다. 치아의 건강을 위해 이를 잡고 앞뒤로 흔들며 근육처럼 운동하는 사람은 아무도 없습니다. 다만 인내심을 가지고 치아 교정기와 고정 장치를 체계적으로 활용하여 치아를 조금씩 움직여 재조정할 수 있습니다. 마찬가지로 관절을 형성하는 결합조직도 인요가 수련법을 통해 부드럽게 스트레칭 하며 안전하고 바람직한 방법으로 운동할 수 있습니다.

인과 양은 서로를 보완한다

인 수련과 양 수련은 둘 다 인체에 꼭 필요할 뿐 아니라 서로를 보완해 줍니다. 오늘날 의료진들이 재활 치료에서 이용하고 있는 웨이트 트레이닝과 견인치료[8]를 생각해 봅시다. 팔다리가 부러지거나 목에 부상을 입은 환자는 우선적으로 견인치료를 받게 됩니다. 부러진 뼈 주위의 스트레스를 해소하면 재생에 도움이 되기 때문입니다. 그리고 뼈가 회복되고 나면 근육 강화를 위한 웨이트 트레이닝 등이 포함된 물리치료를 실시합니다. 이것은 관절 움직임을 회복하기 위해 인과 양의 원리를 지능적으로 이용한 흔한 예입니다.

고정적인 자세에서 자극이 가해지는 시간을 길게 늘리는 견인치료는 인의 원리이고, 저항력을 이용하여 리드미컬하게 움직이면서 근육을 강화하는 것은 양의 원리입니다.

앞에서 본 골반과 척추의 모습입니다.

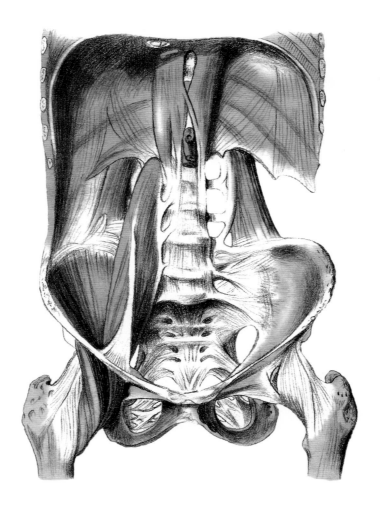

이 그림에서 골격을 감싸고 있는 인 조직과 양 조직을 모두 볼 수 있습니다.
어두운 부분은 양적인 조직으로, 바깥쪽에 위치하여 수축하고 움직이는 근육 조직입니다.
하얀 부분은 안쪽으로 위치한 결합조직으로, 뼈와 뼈를 이어주는 인적인 조직입니다.

CHAPTER 3.

인요가를
수련하는 방법

쓰지 않으면 퇴화한다

적절한 자극은 인체의 조직을 건강하게 유지하는 데 필수적입니다. 심폐 운동의 부족은 심장 근육을 약하게 하고, 근육 운동의 부족은 근육의 퇴화로 이어집니다. 마찬가지로 관절 운동의 부재는 관절의 고통과 뻣뻣함을 초래합니다.

무중력 상태에서 생활하는 우주 비행사들은 단 몇 주 사이에 골밀도의 18%와 근력의 30%를 잃어버린다고 합니다. 비록 중력의 힘만이라 할지라도 정기적 자극을 주어야 인체의 모든 조직들은 건강을 유지할 수 있습니다. 이것을 우리는 흔히 '사용하지 않으면 퇴화한다.'라고 표현합니다.

모든 운동은 자극을 주고자 하는 인체의 조직에 따라 인의 방식이나 양의 방식으로 분류할 수 있습니다. 근육과 혈액의 흐름을 목적으로 하는 운동법은 양, 결합조직을 목적으로 하는 운동법은 인입니다. 양의 운동법은 리드미컬하고 반복적이며, 인의 운동법은 조직을 부드럽게 오래 늘리는 특징을 가지고 있습니다.

유연하고 강한 관절을 만드는 인요가

웨이트 트레이닝의 장기적인 효과는 근육 강화지만, 격렬하게 운동을 하고 난 직후에는 근육이 약해지고 지쳐 있습니다. 웨이트 트레이닝을 즐기는 사람들은 "오늘 스쿼트를 많이 했더니 걷는 게 너무 힘들어!"라고 말하면서 자신의 높은 피로도를 자랑합니다. 이 말은 다리 근육이 걷기 힘들 정도로 많이 지쳐 있다는 것을 의미합니다.

정리하자면, 근육 강화를 위한 웨이트 트레이닝을 끝낸 직후에는 근육이 오히려 약화됩니다. 하지만 훈련과 휴식을 정기적으로 몇 주 혹은 몇 달을 이어 가면서 근육은 점점 더 강화됩니다.

에어로빅도 이와 비슷합니다. 에어로빅의 장기적 이점은 혈압과 심장 박동수를 줄이는 것입니다. 하지만 이와 반대로 에어로빅을 하는 동안은 심장 박동수가 올라가고, 그 상태가 몇 분 동안 계속 유지됩니다. 수업이 끝난 후에도 혈압과 심박수가 다시 정상으로 내려오기까지는 몇 시간이 걸릴 수도 있습니다. 하지만, 몇 주 혹은 몇 달의 훈련을 거친 후에는 혈압과 심박수가 건강한 수치로 자리 잡습니다. 다양한 운동의 효과는 모두 이와 같은 패턴을 보입니다.

통상적으로 운동의 장기적 효과는 단기적 효과와 반대입니다. 인요가의 수련 또한 다르지 않습니다.

인요가 자세를 몇 분 동안 유지하고 나서 빠져나온 직후에는 관절이 약하고 헐겁게 느껴질 수 있지만, 이런 느낌은 1~2분 후에는 사라집니다. 인요가 수련의 장기적 효과는 유연하고 강한 관절을 만드는 것입니다.

한 자세를 오래 유지하는 이유

촘촘한 밀도로 이루어진 결합조직은 근육과는 달리 리듬과 반복성 있는 자극에는 저항을 하지만, 적당한 자극을 3~5분 정도 유지하며 서서히 자극을 가할 때는 변화를 보입니다.

앞에서 언급했던 스펀지의 예를 다시 생각해 봅시다. 이번에는 스펀지가 물에 완전히 젖어 있다고 가정하되, 물 대신 버터가 들어 있다고 상상해 봅시다. 버터가 딱딱하게 굳어 있을 때는 스펀지가 뻣뻣하고 딱딱하겠지만, 버터가 녹았을 때는 유연하게 당겨지고 접힐 것입니다. 이렇게 뻣뻣한 상태에서 유연한 상태로 변하는 것을 '상변화[9]'라고 합니다.

결합조직에 가하는 자극을 몇 분 동안 가만히 유지하면, 그 자극이 체내 수분의 상태를 바꾸고 조직의 신축성을 높여 줍니다. 이럴 때는 몸의 긴장이 풀어지며 편안함을 느끼기도 합니다. 이런 수분의 상변화는 기의 흐름에도 작용하는데, 원활한 기의 움직임은 마음을 편안히 할 뿐 아니라 치유력도 높입니다.

요가를 처음 하는 사람들도 자세를 하는 동안 상변화들을 느낄 수 있습니다. 하지만 그 변화가 꼭 깊은 층에서 일어나는 것만은 아닙니다. 다르게 말하자면 자세 안으로 꼭 깊게 들어가지 않더라도 에너지(기)가 풀리는 것을 경험할 수 있다는 뜻입니다. 그리고 이러한 장기적인 수련은 결합조직의 섬유질을 증가시키고 재배열하면서 관절의 가동 범위를 증가시킬 것입니다.

자세를 유지할 때는
반드시 이완한 상태로

결합조직에 자극을 주기 위해서는 관절 주변의 근육들이 반드시 이완되어야 합니다. 근육이 많이 긴장한 상태에서는 관절이 자극을 받을 수 없기 때문입니다.

근육과 결합조직의 관계를 확실히 이해하기 위해 한 가지 실험을 해 봅시다. 자신의 왼손을 털어 근육의 긴장을 풀고 손가락 하나를 잡아당겨 봅시다. 아마 손가락 끝부터 손바닥에서 가장 가까운 손가락 관절까지 부드럽게 늘어나는 것을 느낄 수 있을 것입니다.

다시 이번에는 팽팽하게 손을 최대한 벌려 확장한 상태로 잡아당겨 봅니다. 이럴 때 근육은 잡아당겨지지 않으려 저항하기 때문에 결합조직은 늘어나지 않는 상태입니다.

손가락을 잡아당기는 이 원리는 무릎, 고관절, 척추 같은 주요 관절에도 적용됩니다. 관절의 결합조직을 스트레칭 하기 위해서는 해당 관절 주변의 근육을 반드시 이완해야 합니다.

한 가지 유의할 점은 인요가를 하면서 인체의 모든 근육을 이완하는 것은 가능하지도 바람직하지도 않다는 것입니다. 가령 척추를 늘려 주기 위해 앞으로 숙이는 자세를 할 때, 손과 발을 연결하거나 복부를 부드럽게 수축시켜서 척추에 자극을 더 증가시킬 수도 있습니다.

하지만 이때도 척추의 결합조직을 스트레칭 하기 위해서는 척추 주변의 근육은 반드시 이완해야 합니다.

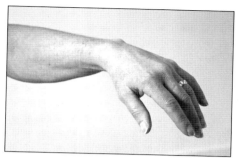

긴장이 풀린 상태

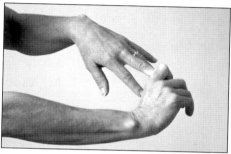

긴장이 풀린 상태에서
손가락은 부드럽게
늘어난다

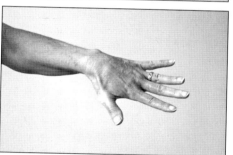

긴장이 들어간 상태

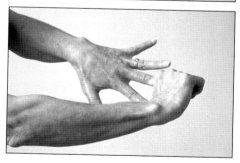

긴장이 들어간 상태에서
손가락은 늘어나지
않는다

관절을 둘러싼 조직들

관절은 세 가지 층으로 이루어져 있습니다. 뼈, 결합조직, 뼈를 움직이는 근육입니다. 주변의 근육이 이완된 상태에서는 두 개의 뼈를 멀리 당길 수 있는데, 이때 뼈에 연결된 결합조직도 함께 늘어납니다. 반대로 근육이 긴장한 상태에서는 두 개의 뼈가 가까이 붙으면서 결합조직은 늘어나지 않습니다.

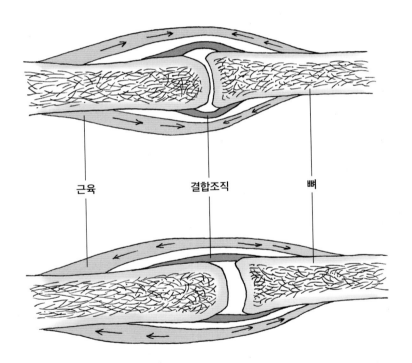

근육　　　　　결합조직　　　　뼈

인과 양의 마음가짐

우주에 존재하는 모든 것들은 인과 양의 성질을 가지고 있습니다. 우리의 마음가짐에도 인과 양이 존재합니다.

인과 양의 마음가짐에 대한 차이를 이해하기 위해 엔지니어와 생태학자의 시각을 견주어 봅시다. 엔지니어들은 대개 무언가를 바꿔 보고 싶어 합니다. 강에 댐을 건설하고, 운하를 준설하는 등 뭔가를 고치고 바꾸려 하는 양의 시각으로 세상을 바라봅니다.

반면에 생태학자들은 인의 시각으로 세상을 봅니다. 나비를 연구하는 생태학자라면 나비의 서식지로 가서 그들의 행태를 관찰해야 합니다. 직접 나서서 나비를 제조할 수도, 짝짓기를 시킬 수도, 알을 낳게 만들 수도 없습니다. 생태학자는 조용히 앉아서 계속 관찰하는 것으로 나비에 대해 배우고 이해할 수 있습니다.

인요가를 수련할 때는 생태학자의 인적인 마음가짐이 필요합니다. 자세 안에서 몸에 집중하고, 떠오르는 염려나 원하는 바를 얻기 위한 공격적인 태도를 버려야 합니다. 자신이 할 수 있는 자세의 근사치에서 적당한 노력과 함께 인내심을 가지고 기다리는 것이 좋습니다.

인요가의 힘은 노력이 아니고 시간입니다. 결합조직은 온화한 자극에 천천히 반응하므로 서둘러서는 안 됩니다. 인내심을 가지고 조용히 기다리는 자세는 명상 수련에서도 꼭 필요한 부분입니다.

우리가 사는 현대 사회는 '하면 된다! 어서 나가자!' 같은 양의 자세를 더 장려합니다. 하지만, 얻고자 하는 인간의 욕망에는 끝이 없습니다. 행복한 삶을 위해서는 인내하고, 감사하고, 자족하는 인의 자세도 함께 키워 나가야 합니다.

인양은 언제나 함께 존재한다

완전한 인 혹은 완전한 양은 존재하지 않습니다. 마찬가지로 완전한 인요가 혹은 완전한 양요가 또한 없습니다. 이들은 언제나 함께 공존합니다. 인 혹은 양은 비교적 좀 더 우세한 성격을 표현한 것일 뿐이며, 반대쪽 역시 항상 함께 존재하고 있기 때문입니다.

인요가에서 앞으로 숙이는 자세를 할 때는 가능한 한 이완을 하는 것이 좋습니다. 하지만, 몸의 근육을 모두 이완해 버리면 자세를 유지하는 것이 불가능할 것입니다. 균형 있는 자세를 유지하며 견인 효과를 끌어 내기 위해서는 근육의 긴장이 어느 정도 필요합니다. 인요가 자세 내에서도 양적인 노력이 존재하는 것입니다.

인요가 수련을 하는 동안 자신의 태도에 관한 부분도 이런 방법으로 바라보면 됩니다. 일어나는 감각들을 수동적으로 관찰하는 부분을 인이라 할 수 있고, 자세를 유지하기 위한 노력의 부분을 양이라고 볼 수 있습니다.

인요가의 호흡

요가를 처음 접하는 초보자는 수련 중에 무의식적으로 호흡을 멈추곤 합니다. 그래서 요가 선생님은 호흡에 집중하고 긴장을 풀라고 유도해야 합니다.

저는 보통 인요가를 수련할 때 자연스럽게 호흡하라고 권유합니다. 모든 자세는 각각 다른 방식으로 호흡에 영향을 줍니다. 어떤 자세는 호흡이 더 안정적이고 편안하게 이어지도록 고안되기도 하여 명상으로 입문하는 데 적절하게 쓰입니다.

모든 자세에서 일정한 방법으로 똑같이 호흡하고자 하는 것은 양적인 태도입니다. 이것은 각 자세가 호흡에 미치는 영향을 차단하고, 자세 안에서 자연스럽게 일어나는 호흡을 관찰할 수 있는 기회를 없애 버리는 것입니다.

저는 인요가 수련을 할 때, 때로 호흡의 리듬을 조절하거나 호흡을 잠시 멈추어 보기도 합니다. 하지만 대부분의 시간을 각각의 자세가 호흡에 어떤 영향을 미치는지를 가만히 관찰하는 데 씁니다.

기의 반동 느끼기

한 자세를 유지하고 난 후 등을 대고 누워 몸을 이완하는 것은 기의 반동을 가장 잘 느낄 수 있는 방법입니다.

자세를 유지하는 동안 몸의 어떤 부위는 기와 혈의 흐름에서 차단되고 그 흐름은 다른 부위로 가게 됩니다. 리바운드, 즉 반동이란 자세를 풀고 나와 등을 대고 누워서 이완하는 동안 느끼는 경험을 말합니다.[10]

자세를 유지하는 동안은 관절과 근육의 스트레칭을 느끼는 데 바쁘지만, 자세를 풀고 나와 누우면 편안하게 흐르는 기의 움직임에 집중할 수 있습니다. 그것은 자세 안에서 느꼈던 압박감이 천천히 풀리면서 몸 전체로 퍼져 나가는 느낌일 수도 있고, 더 구체적으로 다리나 척추 부근에 흐르는 기의 감각일 수도 있습니다. 이런 감각적 경험은 1~2분 정도의 시간이 지나고 나면 점점 차분하고 평화로운 느낌으로 바뀝니다.

기는 육체의 몸, 감정의 몸 그리고 정신의 몸을 엮어 하나로 이어 주는 매개이기 때문에 기를 느끼는 감각을 개발하는 것은 요가 수련에서 매우 중요한 부분입니다. 육체의 몸을 흐르는 기의 감각에 마음을 모으는 것은 감정과 정신의 몸을 객관적으로 관찰하는 수련의 첫 단계입니다.

기의 반동과 완화 자세

인요가의 단기적 효과와 장기적 효과는 서로 반대됩니다. 인요가 자세 바로 직후에는 관절이 약하고 헐겁게 느껴질 수 있습니다. 어떤 때는 등을 대고 누워서 이완을 하는데 몸에 쥐가 날 것 같은 아주 불편한 기분이 솟구치기도 합니다. 하지만 여기에 반응하지 않고 차분한 마음을 유지하고 조금만 기다리면 그 불편한 기분은 천천히 다시 하강하여 사라지는 것을 경험할 수 있습니다.

저는 만성 통증에 시달렸던 많은 수련생들이 인요가 수련을 하며 긴장을 푸는 법들을 배운 뒤, 통증이 자연적으로 치유됐다는 이야기를 자주 듣습니다.

어떤 학생들은 자세를 풀고 난 후에 일어나는 감각을 경계하며 자세를 풀고 바로 다리를 끌어안고 몸을 좌우로 굴리거나 하는 완화 자세를 하기도 합니다. 자세를 풀고 난 후 바로 완화 자세를 하는 것도 좋지만, 가끔은 등을 대고 편안히 누워 기의 반동을 고요히 느껴 봅시다.

의식을 길들이다

요가 동작을 하거나 등을 대고 누워 이완할 때 "아무 느낌도 없어요."라고 말하는 학생들도 종종 있습니다. 하지만 이것은 불가능한 일입니다. 작은 움직임이라 해도 몸의 감각은 언제나 반응하는데, 다만 그것에 의식을 집중해야 느낄 수 있습니다.

기는 의식이 향하는 곳에 모이고, 의식은 기가 모이는 곳으로 향합니다. 편하게 앉아서 코에 집중해 봅시다. 그곳이 따뜻한지, 간지러운지, 맥박이 느껴지는지 느껴 봅니다. 마시는 호흡이 콧구멍의 위쪽으로 들어오는지 혹은 아래쪽으로 들어오는지 아니면 한쪽 콧구멍이 더 많이 열렸는지도 느껴 봅시다. 이런 수련은 끝도 없이 이어 갈 수 있는데, 이것은 육체적 감각이 언제나 존재한다는 것을 보여 줍니다. 오직 의식을 그곳으로 안내하기만 하면 됩니다.

기의 흐름에 대한 어떤 특정한 느낌을 상정하고 있는 사람은 그래도 아무것도 느끼지 못한다고 고집할 수도 있습니다. 그러나 기가 경락 그림에서 볼 수 있는 선만을 따라서 흐른다고 생각하는 것은 맞지 않습니다. 기는 우리 몸의 모든 세포로 흐릅니다. 침술 차트나 경락 그림에 묘사된 경락은 침으로 접근이 가능한 가장 표면층에 있는 경락에 불과하며, 심층에는 '기의 저수지(바다)'라고 부르는 더 깊고 넓은 경락의 줄기가 있습니다. 기의 저수지는 표면층에 있는 경락의 원천이기도 합니다. 기는 심층부의 경락에서부터 표면층의 경락까지 순회하고 돌아옵니다. 심층부의 경락으로 흐르는 기는 뼈, 근육, 장기를 통해서 느낄 수 있습니다.

특정 경락에 집중하여 기를 느끼는 것을 단념하라는 말은 아닙니다. 다만 육체적 감각을 통해 느낄 수 있는 기의 흐름과 그것이 가져오는 평화로운 경험을 간과하지 말라는 것입니다. 뿐만 아니라 기의 움직임은 육체에서 더 확실히 느껴지긴 하지만, 기분 좋은 고요함 또한 기의 움직임에서 기인합니다.

이완을 배우다

100년 전에 미국의 철학자 윌리엄 제임스는 몸과 마음의 연관성을 증명하는 실험을 했습니다.

"등을 대고 누워 마음을 안정시킵니다. 몸과 마음이 편안해지면 그것을 그대로 유지하면서 화를 내 봅시다. 어떤 종류의 긴장이나 움직임도 없이 말입니다. 다시 말해 근육의 긴장, 호흡의 변화, 혈압과 심장 박동의 상승 없이 화를 내도록 시도해 보는 것입니다."

불가능한 일이라는 걸 바로 알아챌 수 있을 것입니다. 이 실험에서 알 수 있듯, 우리의 생각과 감정은 마치 도장처럼 육체에 그대로 각인됩니다. 오늘날 사람들은 마음이 육체에 주는 타격을 인지하지 못하고 감정을 억누르며 살아갑니다. 고도의 지식 사회에 사는 많은 두뇌 지향적 사람들은 자신의 육체적 피로도를 의식하지 못합니다. 그러나 표출되지 않은 감정은 억제된 채로 육체에 각인되어 묵히게 됩니다. 억제된 감정은 드러나지 않을 뿐 사라지는 것은 아닙니다. 자신의 내면의 상태가 육체에 미치는 영향을 인식한다면 더 건강하고 바람직한 정신을 가꿀 수 있을 것입니다.

별 자세로 편안히 누워 이완하는 수련은 내면에 적체된 긴장을 인지하고 이완하는 데 좋은 방법입니다. 근육과 뼈의 긴장은 물론, 눈과 턱, 심장과 위장, 그리고 횡격막의 긴장을 풀고 쉬도록 합니다. 이것은 우리 몸과 마음에 쌓인 부정적 긴장을 해소하는 데도 훌륭한 방법으로, 심장질환 발병률이 높은 오늘날 당연히 큰 가치가 있을 것입니다.

고요함을 배우다

모토야마 박사는 경락 시스템과 신경계가 인양의 관계를 갖고 있다고 말했습니다. 이 말은 경락과 신경계 사이에서 한쪽의 에너지가 증가하면 다른 쪽의 에너지는 감소한다는 뜻입니다.

인요가는 신경계를 순화시키고, 경락으로 흐르는 기의 흐름을 촉진합니다. 이런 효과로 인해서 대개는 인요가 자세를 한 후 등을 대고 누우면 움직임 없이 가만히 있고자 하는데, 이렇게 깊이 이완된 상태에서는 손발을 움직이려는 노력이 큰 의미가 없습니다.

이런 상태는 바람직할 뿐만 아니라, 명상 수련을 시작하는데도 최적의 조건입니다. 현대인들은 과민한 신경 때문에 단 몇 분간도 가만히 앉아 있질 못하는데, 인요가는 과민한 신경을 차분하게 만들어 줍니다.

만약 요가 수련을 하는 동안 잠이 오거나 휴식의 상태로 가길 원한다면 그것과 싸울 필요가 없습니다. 그냥 알아차리고 즐기면 됩니다. 일어나는 것이 무엇이든 알아차리고 수용할 때 평화로운 내면의 상태를 지속하는 능력이 키워질 것입니다.

바른 자세로 편안하게 앉아 있을 수 있는 시간이 점점 늘어 간다면 명상의 첫 번째 장애물을 넘었다고 볼 수 있습니다.

CHAPTER 4

자신의 수련을
계획해 보기

삶의 시기에 맞게 요가도 바뀌어야 한다

모토야마 박사는 적절한 시간 동안 특정 자세를 수련하는 것이 건강을 지키는 데 큰 효과가 있을 수 있지만, 같은 자세를 너무 오랫동안 하면 오히려 건강을 크게 해칠 수 있다고 말했습니다.

저는 이런 경험을 달팽이 자세를 하면서 겪은 적이 있습니다. 달팽이 자세는 15년 동안 제가 가장 좋아했던 자세였기 때문에, 자주 시도했고 오랫동안 유지했습니다. 하지만 어느 순간부터 천장 장골과 어깨 부분의 통증이 발생하였고, 제가 가장 좋아했던 달팽이 자세가 통증의 원인이란 것을 알게 되었습니다.

슬펐지만 달팽이 자세를 멈춰야만 했고, 실험의 의미로 몇 번 달팽이 자세를 한 것 외에는 거의 1년 동안 달팽이 자세를 하지 않았습니다. 그러자 증상은 바로 사라졌지만, 슬그머니 자세를 다시 시도하면 통증은 또 나타났습니다.

1년이 지난 후 저는 달팽이 자세를 수련할 때마다 한 번씩 5분 동안 유지하고, 때마다 어깨의 위치를 다양하게 바꿔 가며 하기 시작했습니다. 이제는 다시 달팽이 자세의 효능인 척추 전체의 부드러운 늘림과 전신 이완을 별다른 통증 없이 즐길 수 있게 되었습니다.

왜 그런 통증을 느꼈는지는 아직도 모릅니다. 중요한 것은 요가 수련이 몸의 조건과 자신의 변화에 맞춰 함께 살아 숨쉬며 자라고 진화해야 한다는 것입니다.

수련 전에 고려해야 할 것들

아래의 안내 글들을 읽고 의미를 잘 되새겨 자신을 위한 요가 수련을 설계해 봅시다.

1. 어떤 요가 자세는 자신에게 해를 줄 수 있습니다. 우리 모두는 고유한 골격 구조와 자신만이 겪어 온 인생사를 가지고 있습니다. 그러므로 요가 자세들이 인체에 주는 영향은 사람마다 다릅니다. 보통은 그 차이가 크지 않고 사소하지만, 때로는 중요하고 큰 해를 끼칠 수 있으니 염두에 둡시다.
'완벽한 자세'에 집착하지 말고, 요가의 목적은 자랑이 아닌 치유라는 것을 기억합시다. 어떤 자세에서는 불편함을 느낄 수도 있지만, 그 불편함은 좋은 효과로 돌아올 수도 있습니다. 또 어떤 자세는 당신에게 맞지 않을 수도 있습니다.

2. 앞으로 숙이는 자세는 인적인 동작입니다. 심장과 뇌를 비슷한 위치에 놓게 되어, 심장에서 뇌로 흐르는 혈액의 공급을 수월하게 합니다. 또 심장 근육을 이완하기 때문에 온몸의 혈압을 낮춰 줍니다. 척추 주변의 경락에 흐르는 기의 흐름을 원활하게 조절하여 마음을 고요하고 평화롭게 합니다.

3. 뒤로 젖히는 자세는 양적인 동작입니다. 신경계를 고무시켜 활기를 북돋아 주기 때문입니다. 뒤로 젖히는 자세는 앞으로 숙이는 자세처럼 길게 유지할 필요가 없습니다. 오래 유지하기보다는 짧은 시간 안에 자주 반복해 보고

느낌이 어떤지 관찰하는 것이 좋습니다.

4. 수련을 할 때는 계절과 시간도 고려해야 합니다. 이른 아침이나 추운 날은 움직임이 많은 양요가 수련이 좋습니다. 저녁이나 따뜻한 날에는 인요가를 수련하는 것이 더 알맞습니다.

5. 양적인 수련이 목적일 때엔 다양한 자세를 짧게 여러 번 반복하고, 인적인 수련이 목적일 때엔 다양함보다는 몇 가지 자세를 오래 유지하는 것에 중점을 두도록 합니다.

6. 인요가를 먼저 하고 양요가로 옮겨 가거나, 양요가를 먼저 하고 인요가로 넘어가는 것 모두 좋습니다. 다만 하나를 먼저 하고 다음으로 넘어갈 때 적절한 시간 분배를 하는 것이 좋습니다.

7. 자세 안에서 자극이 너무 심하면 베개, 담요, 볼스터 등의 도구를 이용하도록 합시다. 인요가 자세는 억지로 참고 있으면 안 됩니다. 스스로 이완이 안된다고 생각될 때는 힘들여 참지 않도록 합니다.

둥근 척추와 곧게 뻗은 척추

앞으로 숙이는 자세는 크게 두 가지 형태로 나눌 수 있고, 각각의 형태
는 자극의 부위를 달리합니다. 등을 둥글게 말아 앞으로 숙일 때는 척추
가 중점이 되어 척추 주변의 근육과 결합조직을 스트레칭 하게 됩니다.
등을 곧게 펴서 앞으로 숙일 때는 허벅지 뒷부분의 근육이 스트레칭 됩
니다.

유착은 움직임을 통해 해결할 수 있다

유착은 진공 포장처럼 두 개의 표면이 들러붙는 것을 말합니다. 생활 속에서 흔히 볼 수 있는 예로 시원한 물을 담은 컵이 컵받침 위에 놓여 있는 상황을 생각해 볼 수 있습니다. 시간이 지나면서 컵에 맺혀 있는 물기는 컵받침으로 흘러내려 컵과 컵받침을 진공 포장처럼 들러붙게 합니다. 이때 컵을 들면 컵받침이 컵에 들러붙어서 함께 들리게 되고, 컵받침을 손으로 잡아 뗄 때는 '펑'하는 소리가 납니다.

이런 유착 현상은 모든 관절에서 일어납니다. 특히 갈비뼈와 척추뼈는 중력의 힘과 근육의 수축에 의해 지속적으로 눌리는 데다가 모양이 납작하고 표면이 부드러워 유착되기 쉽습니다. 앞으로 숙이거나 비트는 요가 자세로 이런 유착을 해소할 수 있는데, 진공 포장의 상태가 풀리면서 관절에서 '뚝' 하는 소리를 들을 수 있습니다. 이런 순간에는 관절의 움직임이 유연해지고 기의 흐름이 좋아지면서 시원함을 느끼곤 합니다.

엉치뼈 유착은 노화의 시작

유착에 가장 민감한 뼈는 엉치뼈입니다. 일단 엉치뼈가 유착되면 몸의 움직임으로 떼어 내기 어렵습니다. 젊은 사람의 엉치뼈는 앞쪽으로 약간 기울어져 허리에 곡선을 만들어 줍니다. 하지만 나이가 들어가며 엉치뼈는 유착되고 자신도 모르는 사이에 골반이 뒤로 기울어지면서 허리의 곡선을 잃어버립니다.

살아 있는 생물들이 앞뒤로 구부러지면서 곡선으로 자라는 이유는 압력을 최소화하기 위해서입니다. 곡선은 앞뒤로 움직이며 구부릴 수 있는 여유를 주기 때문에 무게의 눌림으로 인한 영향을 덜 받습니다. 잘 보면 자연은 모두 곡선으로 이루어져 있습니다. 예를 들어 넝쿨 식물이나 발의 아치가 그렇습니다.

인간의 척추도 마찬가지입니다. 젊은이의 건강한 척추는 곡선이 깊어서 앞뒤로 자유롭게 구부리고 움직일 수 있습니다. 반면 노년의 척추는 곡선이 사라지면서 앞뒤로 구부리기가 버거워집니다. 이런 상태에서는 척추 디스크가 과하게 눌리거나 허리 통증이 생기기도 합니다. 애벌레 자세(100쪽 참조) 안장 자세(120쪽 참조)는 천골의 앞뒤를 함께 자극하여 건강한 천골을 돌보는 데 가장 적절한 자세입니다.

상체 강화를 위한 방법

이 책은 인요가에 대한 책이지만, 상체 강화를 위한 양 수련법이 얼마나 중요한지에 대해서도 간단히 짚고 넘어가도록 하겠습니다. 도교요가 수련자들은 다리가 팔에 비해 더 무겁고, 조직의 밀도가 더 빽빽하며, 대지와 더 가깝다는 점에서 다리를 인으로 정의하였습니다. 반면, 다리보다 더 가볍고 더 움직임이 크고, 하늘과 가까운 팔은 양으로 정의했습니다. 나이가 들면서 다리는 움직임이 감소하고 무거워지며 더 인적인 상태로 변하고, 반대로 팔은 근육이 약해지고 가벼워지며 더 양적인 상태로 자연스럽게 변하게 됩니다. 이런 상태를 균형 있게 돌보기 위해서 요가 수련을 할 때는 다리 부분은 유연성에 초점을 맞춰 결합조직을 스트레칭하고, 팔 부분은 근력에 초점을 맞춰 근력 강화를 해야 합니다.

대개 하체는 천골의 유연성과 허리 곡선의 영향을 더 많이 받고, 상체는 유연성보다는 근력의 영향을 더 많이 받습니다. 때문에 삼각대 자세(108쪽 참조)나 악어 자세(110쪽 참조) 같은 요가 자세로 상체를 단련하는 것은 매우 중요합니다. 상체의 근육이 약해지면, 상체의 골격도 약해지고 척추도 구부정하게 변하기 때문입니다.

인요가 수련을 위한 세 가지 시퀀스

인요가를 처음 접하는 사람을 위해 다음의 세 가지 시퀀스를 소개합니다. 인요가를 하는 데 단 하나의 정도(正道)는 존재하지 않습니다. 본인의 필요에 맞는 수련을 하면 됩니다.

첫 번째 시퀀스를 이틀에 한 번 꼴로 일주일간 수련하고, 자신에게 어떤 영향을 미치는지를 수련 후에 간략히 기록합니다. 그리고, 두 번째 시퀀스를 그다음 주에 이틀에 한 번 꼴로 일주일간 수련하고 역시 간략한 기록을 남깁니다. 세번째도 같은 방법으로 진행합니다. 어느 정도 수련이 익숙해졌을 때 세 가지의 시퀀스를 바꿔 가며 일주일에 세 번 수련하기를 권합니다.

더 좋은 방법은 각 시퀀스에 자신이 좋아하는 자세를 한두 개 정도 더해서 8~10개의 자세로 조합된 자신만의 시퀀스로 수련하는 것입니다.

어떤 시퀀스로 수련을 하든지 중요한 점은 자세를 풀고 나올 때마다 반드시 누워서 이완하는 시간을 갖는 것입니다. 이것은 부상을 예방하는 방법이기도 하지만, 각각의 자세가 자신에게 미치는 영향을 관찰하는 좋은 방법이기도 합니다. 천천히 즐기며 수련합시다.

첫 번째 시퀀스

첫번째 시퀀스의 자세들은 엉덩이보다는 척추의 움직임에 초점을 두었고 다른 두 개의 시퀀스에 비해서 더 양적입니다. 필요한 대로 똑같은 자세를 여러 번 반복해도 좋고, 시퀀스 전체를 한 번 내지 두 번, 많게는 서너 번 반복해도 좋습니다. 부담 없이 쉬어 가면서 하도록 합시다.

1. 다리 올리기

2. 달팽이 자세

3. 애벌레 자세

4. 삼각대 자세

5. 악어 자세

6. 낙타 자세

7. 아기 자세

8. 안장 자세

9. 한 다리 접기

10. 나비 자세

11. 척추 비틀기

12. 별 자세

두 번째 시퀀스

두 번째 방식은 다리와 엉덩이를 자극하는 데 중점을 두었습니다. 필요한 대로 똑같은 자세를 여러 번 반복해도 좋습니다. 부담 없이 쉬어 가면서 하도록 합시다.

1. 잠자는 백조 자세 또는 벽에서 하는 신발끈 자세

2. 반 개구리 자세 또는 벽에서 하는 개구리 자세

3. 잠자리 자세 또는 벽에서 하는 잠자리 자세

4. 백조 자세

5. 반 안장 자세

6. 한 다리 접기

7. 애벌레 자세

8. 척추 비틀기

9. 별 자세

세 번째 시퀀스

세 번째 방식은 엉덩이와 척추를 동시에 자극할 수 있습니다. 필요한 대로 똑같은 자세를 여러 번 반복해도 좋습니다. 부담 없이 쉬어 가면서 하도록 합시다.

1. 벽에서 하는 정사각형 자세 또는 신발끈 자세

2. 반 나비 자세

3. 애벌레 자세

4. 용 자세

5. 엎드린 유아 자세

6. 물개 자세

7. 아기 자세

8. 척추 비틀기

9. 별 자세

CHAPTER 5

인요가의
기본 동작

별 자세

'사바아사나'라고도 불리는 별 자세를 시작으로 인요가 수련을 시작하겠습니다. 보통 요가 자세를 하는 동안은 기와 혈의 움직임을 느끼기 쉽지 않은데, 자세를 풀고 별 자세로 누워 긴장을 풀면 기와 혈의 움직임이 더 쉽게 느껴집니다. 심지어 자세를 유지하고 있는 도중에 특정 부위가 늘어나면서 관절에서 불편함을 느낄 수 있는데, 이것 또한 기의 반동입니다. 이때 수련자는 이것을 객관적으로 관찰해야 합니다. 이런 훈련은 기의 흐름을 잔잔하게 하여 명상에도 도움이 됩니다.

별 자세는 등을 대고 누워 팔과 다리를 편안하게 열어 놓고 시작합니다. 눈을 감고 완전히 무방비 상태로 몸을 바닥에 내려놓습니다. 초조함 없이 열린 마음으로 가만히 기다리는 것이 인요가의 마음가짐입니다. 요가 자세를 풀고 별 자세로 누워 미세하게 움직이는 기와 혈을 느껴 봅시다.

특히 자극을 느꼈던 몸의 부분을 중심으로 기와 혈의 흐름을 관찰하며 마음을 집중합니다. 여러 가지 이완 자세 중에서도 별 자세는 몸의 많은 면적이 바닥에 닿기 때문에 몸을 이완하고 감각을 관찰하는 데 유용합니다.

언제라도 필요할 땐 별 자세를 하고 5분 이상 유지합시다.

반 나비 자세

반 나비 자세는 앞으로 뻗은 다리의 뒤쪽과 반대쪽의 척추를 늘려 주는 자세입니다. 이 자세는 척추 좌우에 흐르는 기의 불균형을 바로잡고 척추 사이의 압력을 완화시켜 줍니다. 인구의 80%가 허리 통증을 가지고 있는 요즘 시대에 꼭 필요한 보물과도 같은 자세라고 할 수 있습니다.

A. 엉덩이를 바닥에 대고 앉아 한쪽 다리를 앞으로 뻗고 반대쪽 다리는 접어 생식기에 발뒤꿈치를 놓습니다.

B. 턱을 가슴 쪽으로 당기고 상체를 앞으로 숙여 발목이나 발을 잡습니다.

발이나 발목을 잡는 이유는 다리 뒷부분을 늘릴 때 지렛대 역할을 하기 때문입니다. 자세를 하면서 이완할 때에도 발목이나 발을 잡거나 형태를 유지하려는 작은 노력 정도는 필요합니다. 초보자들은 뻗어 있는 다리의 무릎이 약간 구부러질 수도 있지만, 스스로 다리의 뒷부분이 늘어나고 있는 것을 느낀다면 무릎이 구부려져도 큰 상관은 없습니다.
이 자세를 최소 3분에서 5분 정도 유지합니다.

나비 자세

나비 자세는 척추 전체와 허벅지 안쪽을 늘려 주는 자세입니다.

A. 양 발바닥을 마주보게 붙이고 척추를 바르게 펴서 앉습니다.

B. 앞으로 천천히 상체를 숙입니다.

이 자세에서는 발뒤꿈치가 생식기 쪽에 가까울수록 허벅지 안쪽에 자극을 줄 수 있습니다. 반대로 발뒤꿈치가 생식기와 멀어질수록 요추와 천골을 자극할 수 있습니다. 저는 이 자세가 무릎 뒷부분의 유연성을 많이 요구하지 않으면서도 요추와 천골을 부드럽게 늘려 주기 때문에, 무릎 뒷부분이 유연하지 않아 앞으로 숙이는 자세가 어려운 분들에게 자주 권합니다.

나비 자세는 3분에서 5분 정도 유지합니다.

A

B

반 개구리 자세

반 개구리 자세는 허벅지의 뒤쪽과 안쪽을 늘려 주는 자세입니다. 골반이 뒤로 눕지 않도록 세워 주기 때문에 반 나비 자세보다 더 효과적으로 다리 부분을 자극할 수 있습니다. 이 자세를 해 보면 어떤 사람은 허벅지 안쪽보다는 허벅지 뒤쪽에서 더 강한 자극을 느낄 수도 있습니다. 하지만 근육의 긴장이 조금씩 더 풀어질수록 허벅지 안쪽에도 자극을 느낄 수 있게 됩니다.

A. 앉기 편한 너비로 다리를 벌려 한 다리는 앞으로 뻗고 반대쪽 다리는 바깥쪽으로 접어 발이 엉덩이 근처에 오도록 앉습니다. 접은 다리의 발목은 일직선으로 펴 놓을 수도 있고, 옆으로 접어 엄지발가락 측면이 바닥에 닿게 놓을 수도 있습니다. 두 좌골이 바닥에 닿아 안정감 있게 앉을 수 있는 발 모양을 택하도록 합니다.

B. 앞으로 천천히 상체를 숙입니다. 이때 상체를 뻗은 다리 쪽으로 숙이면 다리 뒷면의 자극이 더 강해질 것입니다.

C. 상체를 양다리 사이 중앙으로 숙이면 허벅지 안쪽과 접은 다리의 엉덩이 부분에 자극을 강하게 느끼게 됩니다.

이때 바깥쪽으로 접힌 무릎에 압박이 너무 과할 정도로 상체를 숙이지 않습니다. 반 개구리 자세는 좌우 각각 2분에서 3분 정도 유지합니다.

잠자리 자세

잠자리 자세는 허벅지 뒤쪽을 비롯해 요추와 천골, 그리고 특히 허벅지 안쪽을 더 중점적으로 자극해 주는 동작입니다. 이 자세는 좀처럼 빨리 늘지 않아 초보 요가 수련자들에게 아주 고역이 되는 동작이기도 합니다. 제가 해 주고 싶은 조언은, 다른 여러 가지 숙이는 자세들과 함께 진행하면서 끈기 있게 반복하다 보면 마침내 이 자세가 노력에 대답하는 날이 올 것이라는 점입니다.

A. 양다리 사이를 90도 정도, 혹은 가능하다면 더 넓게 벌리고 앉습니다.

B. 상체를 천천히 앞으로 숙입니다. 손을 바닥에 내려놓아 보고, 가능하다면 팔꿈치 그리고 머리 순으로 바닥에 내려놓습니다.

잠자리 자세는 3분에서 5분 정도 유지합니다.

A

B

이 자세는 잠자리 자세의 변형
자세로, 척추 옆면과 허벅지
안쪽을 자극해 줍니다.

잠자는 백조

잠자는 백조 자세는 앞쪽 다리의 대퇴골을 굽히고 외회전하여 엉덩이 근육과 허벅지 바깥쪽의 근육 및 결합조직에 자극을 주는 동작입니다. 뒤쪽 다리의 허벅지 앞면 또한 부드럽게 늘려 줍니다.

A. 손과 무릎을 바닥에 대고 기어가는 자세로 엎드립니다. 오른쪽 무릎을 뒤로 보내고 왼발을 안으로 접어 오른쪽 무릎 앞에 놓습니다.

B. 왼다리의 모양을 그대로 유지하며 오른쪽 무릎을 미끄러지듯 가능한 뒤로 멀리 보내고 왼쪽 엉덩이를 바닥에 내려놓고 앉습니다. 몸을 앞으로 숙여 팔꿈치에 조심스럽게 체중을 실어 봅니다. 골반이 팽팽하게 긴장되며 바닥에 뜰 수도 있지만, 자극은 주로 엉덩이 근육과 허벅지 바깥쪽에서 느껴질 것입니다. 만약 더 유연하다면 왼발을 가슴까지 밀어보고 그 위에 가슴을 올려놓아 봅니다.

잠자는 백조 자세는 3분에서 5분 정도 유지하고 반대쪽도 실시합니다.

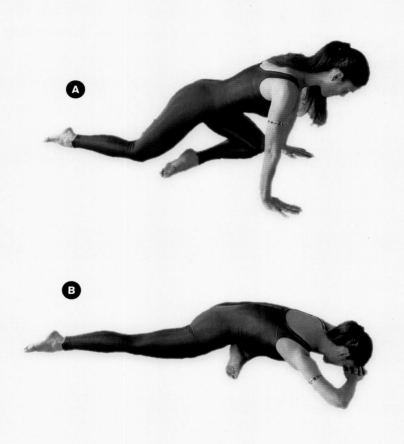

백조 자세

백조 자세는 잠자는 백조 자세의 변형 자세로, 상체를 세워 등을 뒤로 젖히는 자세입니다. 이 자세는 뒤로 뻗은 다리의 허벅지 앞면을 자극해 주는 자세입니다. 자신만의 고유한 골격 구조로 인해 이 동작이 어떤 사람에게는 잠자는 백조 자세보다 앞으로 접은 다리의 엉덩이 근육들을 더 잘 늘려 줄 수도 있습니다.

백조 자세를 하기 위해서는 먼저 잠자는 백조 자세와 같은 다리 모양을 만듭니다. 그리고 손바닥으로 바닥을 밀어 상체를 세웁니다. 이때, 자극이 더 필요하다면 상체를 뒤로 젖혀 봅니다. 머리를 뒤로 떨어뜨린다면, 머리의 무게로 인해 등의 압력이 증가합니다.

스스로 생각하는 올바른 자세를 만들려고 하는 것보다는 골반이 바닥으로 내려앉는지, 뜨는지, 비틀어지는지 등을 관찰해 봅니다. 상체의 변화에 따라 척추에 자극을 주는 부위가 조금씩 다릅니다. 좋고 나쁨을 판단하기보다는 하나하나 잘 관찰하다 보면 자신에게 가장 알맞은 자세들을 찾을 수 있습니다.

백조 자세는 왼쪽, 오른쪽 각각 1분에서 2분 정도 유지합니다.

정사각형 자세

정사각형 자세는 엉덩이 근육과 함께 허벅지 바깥쪽을 자극하는 자세로, 잠자는 백조 자세와 비슷한 효능을 가지고 있습니다. 더불어 이 자세는 요추와 천골까지 함께 자극해 준다는 이점이 있습니다.

A. 양발이 안쪽을 향하게 무릎을 접고 앉습니다. 왼발의 발목을 오른쪽 허벅지 위에 올려놓거나 가능하다면 오른쪽 무릎 근처까지 가져가 봅니다. 이때 골격 구조와 유연성에 따라 왼쪽 무릎이 떠 있을 수도 있습니다. 이 상태로 상체를 앞으로 숙일 경우 무릎에 무리를 줄 수 있으니 주의해야 합니다.

B. 엉덩이와 허벅지에서 느껴지는 자극이 잠자는 백조 자세와 비슷하다고 느껴야 합니다. 천천히 상체를 앞으로 숙여 봅니다. 가슴이 왼쪽 다리와 가까울수록 자극은 더 강해질 것입니다.
만약 엉덩이의 유연성이 충분하다면 더 숙여 봅니다. 상체가 앞으로 많이 숙여질수록 요추와 천골은 더 많은 자극을 받게 됩니다.

정사각형 자세는 3분에서 5분 정도 유지하고 반대편도 실시합니다.

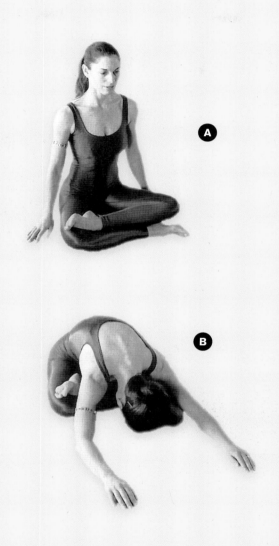

A

B

신발끈 자세

신발끈 자세는 정사각형 자세에서 변형된 자세입니다.

A. 양다리를 깊숙이 꼬아 바닥에 내려놓습니다. 가능하다면 무릎을 더 모아 봅니다.

B. 천천히 상체를 앞으로 숙입니다.

사람마다 고유한 골격 구조의 차이 때문에 신발끈 자세와 정사각형 자세 중 어느 하나가 더 편안하고 안전하게 느껴질 수 있습니다. 어떤 자세가 나에게 더 편안하게 다가오는지 경험해 봅시다.

A

B

애벌레 자세

애벌레 자세는 가장 기본적이고 중요한 자세입니다. 이 자세는 다리 뒤쪽과 척추 전체를 늘려 기의 흐름을 균형 있게 만들어 줍니다. 외부로 향해 있던 감각들을 내부로 향하게 하여 마음을 안정시켜 주기 때문에, 명상을 하기 전에 하면 좋은 자세입니다.

애벌레 자세는 양다리를 앞으로 뻗고 앉아서 시작합니다. 다리 폭은 엉덩이 너비만큼 벌려도 되고, 원한다면 양발을 모아서 시작해도 좋습니다. 이때 턱을 가슴 쪽으로 약간 당기면 두개골 기저에 있는 근육과 인대들을 늘려 줄 수 있습니다. 그리고 천천히 상체를 앞으로 숙여 발목이나 발을 잡아 봅시다.

허벅지 뒷면이 반드시 이완되어야 하고, 무릎이 구부러지지 않고 곧게 뻗을 수 있으면 좋지만 너무 무리해서 무릎을 펴려고 누를 필요는 없습니다. 척추와 다리 뒤쪽에서 자극을 느끼고 있다면 무릎이 구부려져도 괜찮습니다. 다리 뒷면과 척추의 근육을 이완하면서 발끝에서부터 엉덩이 그리고 두개골까지 연결되어 늘어나는 것을 느껴 봅니다.

이 자세는 3분에서 5분 또는 그 이상까지 유지합니다.

다리 올리기

다리 올리기는 근육 단련을 위한 양적인 자세입니다.(76쪽 참조) 이 자세는 요추와 천골 부분의 유연성을 기르고, 복부의 근육과 요방형근, 굴극근을 강화하는 데에도 크게 효과적입니다. 특히 앞으로 숙이는 자세 이후 바로 이 자세를 할 경우, 어떤 사람들은 천골에서 놀라운 교정을 경험하기도 합니다.

    A. 등을 대고 누워 양손을 모아 엉덩이 밑에 넣고, 그 위에 엉덩이를 올려놓습니다. 무릎을 구부려 가슴 쪽으로 당깁니다.

    B. 무릎을 펴서 다리를 천정 쪽으로 뻗습니다. 턱을 가슴 쪽으로 당기고 상체를 들어올립니다.

    C. 양발은 바닥 쪽으로 내려 바닥에서 조금 띄운 상태에서 멈추고, 몇 번의 호흡을 합니다.

이렇게 다섯 번 또는 그 이상 반복합니다. 수련을 다양하게 하고 싶으면 다리 각도를 다양하게 하여 여러 번 숨을 쉬도록 합니다. 만약 다리와 상체를 든 상태에서 머리만 뒤로 떨어뜨리면 요추와 천골, 굴곡근들의 자극이 증가할 것입니다. 무릎을 구부리는 것보다 뻗으면 더 다양하게 단련시킬 수 있습니다.

달팽이 자세

달팽이 자세는 척추 전체를 늘려 주고, 외부로 향한 에너지를 내부로 모아 주는 자세입니다. 많은 사람들이 이 자세의 효능을 금방 알아차리고 좋아합니다. 심지어 이 자세를 힘들어하는 사람들조차도 자세를 하고 난 후, 이 자세가 가지고 있는 좋은 효능들을 알 수 있습니다.

A. 등을 대고 편안히 눕습니다. 엉덩이 밑에 손을 넣고 다리를 들어올려 머리 뒤로 넘깁니다.

B. 초보자들은 손으로 등이나 엉덩이를 받치는 것이 균형감과 안정감을 줄 것입니다. 발이 바닥에 닿지 않을 경우 다리와 척추 주변의 근육들이 팽팽히 늘어나면서 이완하고 풀어 주는 효과보다는 오히려 강화되는 효과가 있습니다.

C. 몇 개월 수련 후 발이 자연스럽게 바닥에 닿게 되었을 때 손으로 종아리 또는 발목을 잡으면 안정감을 더 느낄 수 있습니다. 이때에는 턱과 쇄골을 더 가깝게 하기보다는 오히려 엉덩이를 바닥으로 낮추어 두 어깨뼈 사이로 무게를 더 실어 봅니다. 이 단계의 달팽이 자세는 척추의 아랫부분과 중앙 그리고 다리까지 자극을 확대해 갈 수 있습니다.

D. 최종 단계의 변형 자세는 할 수 있는 만큼 턱과 쇄골을 가깝게 하며 목과 어깨를 더 감는 것입니다.

E. 더 가능하다면 무릎을 구부려 바닥으로 완전히 내립니다. 목과 척추의 위쪽에 많은 자극을 줄 수 있습니다.

척추와 어깨의 아랫부분에 담요나 깔개 등을 충분히 이용하여 극돌기[11]의 뾰족한 부분이 다치거나 멍들지 않도록 주의합니다. 2~3시간 전에 식사를 한 사람, 생리 기간인 여성들은 이 자세를 피하는 것이 좋습니다.

만약 이 자세를 하면서 몸을 동그랗게 말기 위해 고군분투하고 있다면, 지금은 자세를 빠져나오는 것이 바람직합니다. 그 상태에서는 반씩 구부리는 정도만 연습하면서, 척추가 더 유연해질 때까지 기다리도록 합시다.

이 자세는 한 번에 3분 또는 그 이상 유지하고 난 후 천천히 몸을 아래로 굴려 내려오면 됩니다.

삼각대 자세

삼각대 자세는 근육을 많이 쓰는 양적인 자세입니다. 이 자세는 상체를 강화해 주고(76쪽 참조) 전신 근육을 시원하게 늘려 주는 훌륭한 자세입니다. 앞으로 숙이는 자세를 하고 난 후 대응 자세로도 좋고, 뒤로 젖히는 자세를 위한 준비 자세로도 좋습니다.

A. 왼쪽 다리를 앞으로 펴고 오른쪽 무릎은 구부려 발뒤꿈치를 생식기 가까이에 놓고 앉습니다. 왼손을 왼쪽 엉덩이 바깥쪽에 놓습니다.

B. 전신 근육, 특히 팔과 상체의 근육을 사용하여 가능한 만큼 높게 골반을 천장 쪽으로 밀어 올립니다. 고개를 돌려 바닥에 있는 왼손을 보며 오른팔을 머리 너머로 길게 뻗어 냅니다. 길게 하품할 때처럼 허리 부분과 갈비뼈를 늘립니다.

한 번 또는 두 번 정도 호흡하고 내려온 후, 반대쪽도 같은 방법으로 수련합니다. 삼각대 자세는 근육을 많이 쓰는 양적인 자세이기 때문에 세 번 또는 그 이상을 반복하도록 합니다.

A

B

악어 자세

악어 자세는 상체 강화를 위한 양의 자세입니다.(76쪽 참조) 푸시업 자세로 많이 알고 있는 이 자세를 헬스장에서 해 보았던 기억이 있을 겁니다. 그리고 그 기억이 별로 좋지 않았더라도 이 자세의 빛나는 효능까지 버리지는 않았으면 합니다. 이 자세는 전신을 단련시키고 자신감을 증진시킵니다.

이 자세를 하다 보면 어깨의 느낌이 강렬하여 못 느끼는 분도 많겠지만, 분명히 복부와 척추 또한 강화해 줍니다.

A. 처음엔 손바닥과 무릎을 바닥에 대고 시도해 보다가, 조금씩 나아지면 무릎을 펴고 손바닥과 발가락을 바닥에 대고 몸을 편 상태로 유지해 봅니다.

B. 숨을 마셨다가 내쉬면서 갈비뼈 근처에 팔꿈치를 붙인 채 천천히 바닥을 향해 몸을 낮춥니다. 이 자세를 몇 초 동안 유지하고, 숨을 마셨다가 내쉬면서 다시 팔을 펴서 시작했던 자세로 돌아옵니다.

초보자들은 더 힘이 길러질 때까지 마루 위에 무릎을 대고 반복합니다. 세 번 또는 그 이상 반복합니다.

A

B

유아 자세

유아 자세는 척추 주변의 모든 근육에 근력을 키워 주고 복부와 장기의 혈액 순환을 촉진시켜 주는 자세입니다.

배를 대고 엎드려 숨을 마시면서 머리와 가슴을 들 수 있는 만큼 높이 올립니다. 원한다면 다리를 올리지 않고 상체만 들어도 좋고, 팔다리를 함께 올려 유지해도 좋습니다. 자세를 어떻게 변형하든지 효능이 같으므로 자신의 느낌에 따라 진행해 보면 됩니다.

유아 자세는 적어도 세 번에서 다섯 번 정도 반복합니다. 원한다면 계속 더 반복해도 좋습니다.

물개 자세

물개 자세는 요추와 천골에 아치를 만들어 주어 허리의 정상 곡선을 다시 회복시키는 자세입니다. 허리에 통증이 있는 사람들은 대부분 이곳이 가장 뻣뻣하다고 느끼는데, 실제로 통증을 심하게 일으키는 곳이기도 합니다.

현대인들은 하루에 많은 시간을 의자에 앉아 생활합니다. 수십 년을 그렇게 살며 허리를 혹사했고 마침내 건강한 허리 곡선을 잃어버리게 되었습니다. 직장, 자동차, 식당 등 사회적인 예의범절에 속박되어, 많은 시간을 의자에 앉아 있으면서 척추를 돌보지 않습니다. 때문에 건강한 척추를 위한 움직임들이 끊임없이 필요한데, 이 자세는 좋은 대응책 중 하나입니다.

만약 척추 상태가 좋지 않은 사람이라면 이 자세는 잠깐일지라도 굉장히 고역이 될 수 있습니다. 하지만 부드럽게 그리고 과하지 않게 정기적으로 이 수련한다면 허리의 건강을 다시 찾을 수 있을 것입니다.

유아 자세처럼 배를 바닥에 대고 엎드려 손바닥을 어깨 앞이나 옆에 놓습니다. 골격 구조와 유연성은 모든 사람이 다르기 때문에 정확히 어디에 손을 놓아야 할지는 스스로 알아내야 합니다. 팔을 쭉 펴고 몸통을 바닥에서부터 들어올립니다. 손목을 돌려 손가락이 바깥쪽을 향하게 해 봅시다. 이렇게 팔을 돌리면 많은 사람들이 팔을 더 쉽게 펴는 것을 관찰할 수 있습니다.

자세를 유지하다 보면 중력의 무게로 인해 골반과 척추가 자연스럽게 바닥에 붙는데, 자신의 골격 구조에 따라 바닥에 안착될 수도 있고 그렇지 않을 수도 있습니다. 무리하여 힘으로 누르지 않는 것이 중요합니다. 이 자세는 두 가지 방법으로 자극을 달리할 수 있는데, 하나는 의도적으로 긴장을 하여 척추 근육을 단련하는 것이고, 다른 하나는 바닥에 안착하고 근육을 이완하여 허리 곡선을 되찾는 것입니다.

물개 자세의 변형 자세들은 척추의 각기 다른 부분들을 효과적으로 자극할 수 있습니다. 만약 다리 사이를 벌려서 하게 되면 요추와 천골로 가는 자극을 더 만들수도 있고, 다리를 모아서 하면 자극이 척추 전체를 따라 고르게 분배되는 것을 느낄 수 있을 것입니다. 엉덩이와 허벅지를 구부리거나 바닥에 내려 이완하면 자극받는 부분도 바뀝니다. 명심해야 할 것은 이때 모든 사람들이 같은 부위에 자극을느끼지 않는다는 점입니다. 자신에게 도움이 되는 자세를 찾기 위해 다양하게 시도해 보아야 합니다. 가령, 머리를 뒤로 젖힌다면 목과 요추, 천골에 더 많은 곡선을 만들어 자극을 줄 수 있습니다.

물개 자세는 1분 정도 유지하고 천천히 상체를 바닥으로 내리며 돌아옵니다. 자신이 필요한 만큼 반복해 봅니다.

아기 자세

아기 자세는 척추를 부드럽게 늘려 주기 때문에, 뒤로 젖히는 자세를 하면서 받았던 척추의 압박을 완화해 주는 자세입니다. 머리가 자연스럽게 아래로 향해 있어 혈액을 뇌로 올려야 하는 압박이 줄어들기 때문에 심장을 편안하게 이완해 줍니다. 또 어떤 자세들을 하고 난 후 몸이 차갑고 연약해진 것 같다는 느낌이 들 때 이 자세가 그것을 완화시켜 줄 것입니다.

아기 자세는 무릎을 꿇고 앉아 시작합니다. 상체를 앞으로 숙여 머리를 바닥에 내려놓습니다. 팔은 앞이나 옆에 편안하게 내려놓습니다. 눈은 감고 마음을 비워 냅니다.

용 자세

용 자세는 앞쪽 다리의 허벅지 바깥쪽과 발목, 뒤쪽 다리의 허벅지 앞면을 늘려 주는 자세입니다. 또한 골반의 유연성을 증가시켜 뒤로 젖히는 자세들을 편하게 할 수 있도록 도와줍니다.

A. 기어가는 자세로 엎드려 봅니다. 그 자세에서 한 발을 손 사이로 가져옵니다. 상체를 세우고 뒤쪽 허벅지를 바닥으로 천천히 내려 허벅지 앞면의 부드러운 압박감을 느껴 봅니다. 다양한 골격 구조와 유연성에 따라, 앞쪽 다리의 허벅지 바깥쪽이 더 자극을 받기도 합니다.

B. 만약 양다리의 폭이 충분히 넓지 않은 상태에서 골반을 바닥으로 내리면 앞쪽 무릎이 더 내려가며 발목과 아킬레스건이 자극받게 됩니다.

C. 만약 양다리의 폭이 충분히 넓다면, 뒤쪽 허벅지 앞면의 굴곡근들이 늘어날 것입니다.

D. 양다리를 앞뒤로 최대한 뻗으며 엉덩이가 바닥에 닿는 자세는 용 자세의 변형 자세입니다.

용 자세는 2분에서 3분 정도 유지하고 반대쪽으로도 바꾸어서 실행합니다.

안장 자세

이 자세는 발목, 무릎, 허벅지 앞면을 늘려 주고 요추와 천골에 건강한 아치를 만들어 줍니다.

A. 무릎을 구부려 엉덩이를 발뒤꿈치 위에 올려놓고 앉습니다. 양 무릎은 편안할 정도로 벌립니다. 이 자세에서 대부분은 발목, 무릎 그리고 허벅지가 늘어나는 느낌을 받을 것입니다.
손바닥을 바닥에 대고 상체를 바닥을 향해 눕혀 손바닥에 상체 무게를 실어 봅니다. 만약 이것이 쉽다면 팔꿈치를 바닥에 내려봅니다.

B. 만약 등이 뒤로 잘 구부려지면, 정수리를 바닥에 내려놓습니다.

C. B도 괜찮으면, 머리와 등의 윗부분까지 바닥에 편안하게 내려놓습니다. 허리에 아치 모양이 만들어지며 발생하는 압축의 자극을 느껴 봅니다.

안장 자세는 들어갈 때보다 빠져나올 때 더 어렵습니다. 더 안전하고 쉽게 빠져나오는 방법을 찾기 위해 수년 동안 많은 요가책을 조사해 보았지만, 찾을 수 있었던 것들은 그저 '그 자세에서 나와라.'는 말뿐이었습니다. 개인적인 경험을 비추어 볼 때 이 자세를 빠져나올 때의 부담을 덜 수 있는 방법은 옆으로 돌아 살짝 기대어 다리를 하나씩 펼치는 것입니다. 이 조언에 따라 한번 시도해 보고 여러 가지 실험을 통해 더 안정감 있고 안전하게 자세에서 나올 수 있는 방법을 찾아보도록 합니다.
안장 자세는 1분에서 3분 또는 그 이상까지 점진적으로 시간을 늘려 가면서 유지하면 됩니다.

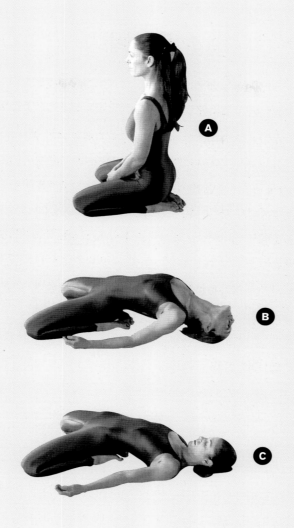

주의사항: 이 자세는 관절과 인대의 부상이 염려되는 자세 중 하나입니다. 부상으로 이어지는 가장 큰 이유는 어리석게도 이 자세를 공격적이고 성급하게 취하려 하기 때문입니다. 강한 약일수록 부작용도 강한 법입니다. 숙련자들이 할 수 있는 자세를 편하게 하기 위해서는 몇 년이 걸릴 수도 있습니다. 신중함이 필요하지만 너무 두려워할 필요는 없습니다.

현대 사회에서 많은 사람들이 대부분의 시간을 의자에서 보냅니다. 이 때문에 작은 움직임이 부상이 될 정도로 약해져 있습니다. 불편함 없이 생활하기 위해서는 기본 가동 범위를 회복해야 합니다. 이를 위한 지름길은 자신에게 알맞은 자세를 잘 분별하여 인내심을 가지고 꾸준히 수련하는 것입니다.

낙타 자세

낙타 자세는 안장 자세의 변형 자세이지만, 안장 자세를 하기 위한 준비 자세이기도 합니다. 만약 발목이나 무릎이 유연하지 않아 안장 자세를 할 수 없다면, 허벅지 앞면을 부드럽게 하고 척추에 아치를 만들어 주는 이 자세가 훌륭한 대안이 될 수 있습니다. 그리고 설사 자신이 안장 자세를 편하게 할 수 있다 해도, 척추의 위쪽 부분과 중간 부분에 아치를 만들어 자극을 주기 때문에 낙타 자세도 따로 해 주는 것이 좋습니다.

낙타 자세를 하기 위해서는 무릎을 구부리고 앉아 무릎 사이를 편안하게 벌립니다. 손을 뒤로 하여 발이나 종아리를 잡고, 가능한 만큼 골반을 앞으로 밀어내며 뒤로 머리를 떨어뜨립니다.

낙타 자세는 1분 정도 유지합니다.

반 안장 자세

반 안장 자세는 안장 자세의 또 다른 변형 자세입니다. 이 자세는 안장 자세와 거의 비슷하지만 안장 자세보다는 허리와 천골에 완만한 아치 곡선을 만들어 줍니다. 반면 허벅지 앞면의 자극은 더 많이 일어나는 자세입니다.

반 안장 자세는 발뒤꿈치를 엉덩이 아래가 아닌 엉덩이 옆에 놓습니다. 반대쪽 뻗은 발은 (A)나 (B) 중 원하는 형태로 선택하도록 합니다.

반 안장 자세는 한쪽에 3분 정도씩 유지합니다.

한 다리 접기 자세

한 다리 접기 자세는 척추를 부드럽게 늘려 주고 엉덩이 관절 또한 가볍게 운동시킬 수 있는 자세입니다. 이 자세는 안장 자세처럼 등을 뒤로 젖히는 자세를 한 후에 등에 남아 있는 긴장을 푸는 데 도움을 줍니다.

A. 등을 대고 누워서 오른쪽 무릎을 구부리고, 양손을 이용해 무릎을 가슴 쪽으로 당깁니다. 척추 윗부분을 부드럽게 늘리기 위해 이마를 무릎 가깝게 가져오는 것도 좋습니다.
세 번 호흡할 때까지 이 자세를 유지하고 나서 반대쪽도 합니다.

B. 한쪽씩 했으면 두 다리를 같이 해 봅니다.

A

B

척추 비틀기

이 자세는 근육과 결합조직들의 긴장을 잘 풀어 주어 요가 수련 후의 뻐근함이나 무리가 되었던 부분들을 완화해 줍니다. 수련의 마지막 부분을 장식하는 데 매우 적합한 자세입니다.

    A. 등을 대고 편안히 눕습니다. 무릎을 구부려 발을 엉덩이 가깝게 가져옵니다. 그리고 왼쪽 다리를 오른쪽 다리 위로 겹쳐 올려 꼽니다.

    B. 두 다리를 오른쪽으로 비틀어 내립니다.

다리를 바닥으로 더 내리기 위해 오른손을 무릎 위에 올려놓기도 합니다. 또한 머리를 왼쪽 어깨를 향해 돌려놓으면 왼쪽 어깨가 더 내려가며 척추가 더 비틀어집니다. 이때 무릎과 가슴이 멀수록 요추와 천골에 아치 모양이 만들어지고, 무릎과 가슴이 가까울수록 요추와 천골이 둥글게 말려 늘어나는 자극을 받습니다. 변형 자세들을 모두 탐구해 보도록 합시다.

이 자세는 1분 정도 유지하고 반대쪽도 실시합니다.

벽에서 하는 신발끈 자세

이 자세는 신발끈 자세의 변형 자세로 척추와 무릎이 부드럽다면 누구나 할 수 있는 자세입니다. 빠르게 이완하기 좋아 많은 요가 수련자들이 이 자세를 좋아합니다. 잠자는 백조, 신발끈, 정사각형 자세의 변형 자세로 효과적입니다. 이 자세는 엉덩이와 허벅지 바깥쪽의 근육과 결합조직들을 자극해 줍니다.

A. 엉덩이를 벽에 가까이 대고 눕습니다. 그리고 다리를 뻗어 벽에 발을 올려 놓습니다. 골반과 엉덩이가 벽에 가까울수록 자극은 더 커집니다. 자신의 유연성에 맞게 거리를 알맞게 조정하도록 합니다.

B. 발을 엉덩이 가깝게 내려 무릎을 구부리고 팔과 다리의 힘으로 벽과 바닥을 밀며 골반을 들어올립니다.

C. 왼쪽 발목을 안으로 접어 오른쪽 무릎 위에 올립니다. 이 자세를 하는 동안 오른발은 벽에 저항하며 밀어냅니다.

D. 엉덩이를 천천히 바닥으로 낮춥니다. 허벅지 앞면이 몸통과 더 가까워질수록 접고 있는 쪽의 엉덩이와 허벅지 옆면이 늘어날 것입니다.

벽에서 하는 신발끈 자세는 3분에서 5분 정도 유지하고, 반대쪽도 실시합니다.

벽에서 하는 개구리 자세

허벅지 안쪽을 늘리기 위한 자세로, 용 자세나 반 개구리 자세의 변형 자세입니다.

A. 엉덩이를 벽 가까이 대고 누워 다리를 뻗어 벽에 기댑니다.

B. 무릎을 구부리고 양다리를 열어 옆으로 미끄러지듯이 내립니다.

C. 양손으로 발목이나 정강이를 잡고 조금씩 양 무릎 사이를 더 열어 봅니다. 옆으로 살짝살짝 걸으며 양 무릎을 같은 높이로 조정합니다.

무릎 사이가 넓을수록 허벅지 안쪽의 자극이 더 강해지기 때문에 넓이를 적절히 조정해야 합니다. 또 골반과 엉덩이가 벽에 가까울수록 자극이 더 강해지기 때문에 이것도 적당한 거리 조정이 필요합니다. 허벅지 안쪽을 손으로 더 눌러 줄 수도 있고 손의 무게를 그대로 얹어 놓을 수도 있습니다. 하지만 너무 힘을 줘서 과하게 늘리지 않도록 합니다.
벽에서 하는 개구리 자세는 3분에서 5분 정도 유지합니다.

A

B

C

벽에서 하는 잠자리 자세

이 자세는 허벅지 안쪽과 뒷면을 늘려 주는 자세로, 잠자리 자세의 변형 자세입니다.

A. 엉덩이를 벽에 가깝게 대고 바닥에 눕습니다. 그리고 다리를 뻗어 벽에 기대어 놓습니다.

B. 양쪽 다리를 천천히 열어 발을 바닥으로 향하여 미끄러지듯 내립니다. 발이 바닥 쪽으로 내려갈수록, 그리고 골반과 엉덩이가 벽에 가까울수록 자극이 더 강렬해집니다. 너무 과하지 않게 적당한 거리 조절이 필요합니다.

초보자 단계에서는 무릎이 구부러질 수도 있겠지만 조금씩 더 유연해질수록 무릎은 저절로 펴질 것입니다. 서두르지 마세요. 어떻게 보이느냐보다는 어디가 자극을 받고 있는지가 더 중요하다는 것을 잊지 말아야 합니다.

벽에서 하는 잠자리 자세는 3분에서 5분 정도 유지합니다.

A

B

CHAPTER 6

바르게
앉기 위한 노력

오래 편안히 앉아 있게 도와주는 인요가

인요가 수련은 명상 자세를 오랜 시간 동안 더 편안하게 유지하는 것을 가능하게 합니다. 편안하게 오랜 시간 앉지 못한다면 당연히 깊은 명상의 상태는 요원할 것입니다. 명상을 하려고 바닥에 앉은 후 얼마 되지 않아 곧 허리와 무릎, 엉덩이 등이 불편하고 아파서 명상을 오래 못하는 사람들이 많이 있습니다. 한의학에서는 이런 불편함은 기와 혈이 제대로 흐르지 않고 정체하는 것에서 기인한다고 봅니다. 명상 자세로 오랜 시간 앉아 있다 보면 허리와 무릎, 엉덩이 등의 결합 조직이 단단해지면서 기의 흐름을 차단할 수 있습니다. 인요가 수련은 관절을 유연하게 하고, 정체된 기를 풀어 움직이게 하여 육체적 불편함을 해소해 주기 때문에 명상 자세를 더 편안히 오래 유지할 수 있습니다.

편안하게 오래 앉기의 중요성

고대로부터 내려오는 많은 요가 서적들은 편안하게 오래 앉는 수련(좌법 수련)이 질병을 치유할 수 있는 효능을 가지고 있다고 말합니다.

저는 이것과 비슷한 경험을 한 적이 있습니다. 그때 저는 학생들과 함께 30분 정도 명상을 하고 있었는데, 미세하게 척추가 교정되는 느낌을 받았습니다.

이런 현상은 보통 척추의 한두 지점에 서서히 압력이 쌓이고 주변의 근육이 긴장하는 것으로 시작됩니다. 축적된 압력과 긴장이 어느 시점에서 가벼운 비틀기 같은 움직임으로 인해 '뚝' 소리를 내며 해소되는데, 이럴 땐 대단한 만족감을 느낄 수 있습니다. 오래 앉아서 명상을 하다 보면 이런 현상을 한두 번 겪을 수 있는데, 이것은 몸 전체의 기의 순환을 도와 건강에 좋은 영향을 줍니다.

대부분의 명상 수련자들은 부상의 경험 혹은 부상을 방치한 경험, 그리고 어긋난 척추의 정렬 때문에 불편함을 겪습니다. 인요가로 육체적 불편함을 해소할 수 있으나, 아주 유연한 사람조차도 이런 치유의 과정에서 겪는 육체적 불편함은 불가피하다는 것을 염두에 두어야 합니다. 이것은 숙련된 명상가에게도 자주 재발되는 문제입니다. 이러한 불편한 경험은 영적 수련을 하면서 불가피하게 일어나는 일로, 누구나 예외없이 경험합니다. 제가 이것에 대해 굳이 언급하는 이유는 오래 앉아 있는 수련이 자신에게 어려운 일라고 생각하며 포기하는 사람들에게 용기를 주기 위해서입니다.

오래 앉아 있는 것은 숙련된 사람에게조차도 불편하고 쉽지 않은 일입니다. 하지만 2000년 전 요가 철학을 체계화시킨 파탄잘리가 요가 수련

자들이 꼭 개발해야 할 중요한 기술 중 하나로 오래 앉아 있기를 기록해
놓은 것은 그럴 만한 가치가 있기 때문입니다.

골반의 기울임

앉아서 하는 명상 자세에서 가장 중요한 것은 바르고 편안히 앉는 것입니다. 자세가 구부정하거나 근육이 과하게 긴장할 경우 척추 위아래로 흐르는 기의 흐름을 방해해 불편한 곳이 생깁니다.

편안하게 앉기 위해 가장 근본이 되는 것은 올바른 골반의 각도입니다. 골반 교정이 올바르게 이루어지면 상체는 골반을 따라 스스로 좋은 위치를 찾아갑니다. 수련자가 명상 자세로 앉아 있는 것을 잘 관찰해 보면 골반의 각도가 무의식적으로 뒤로 누워 있는 경우가 많습니다. 그러면 뒤로 누운 골반을 따라 척추가 구부정하게 되고 기의 흐름도 막히게 됩니다. 자연히 명상을 계속 하는 것이 힘들어집니다. 이때 수련자가 척추를 바로 세우며 골반을 앞으로 살짝 밀어 똑바로 위치를 잡아 척추를 바로 세울 수 있습니다. 명상 자세에서는 골반의 위치를 앞과 뒤로 하며 척추를 바른 자세로 잡는 것이 아주 중요합니다.

골반이 뒤로 기울어지면
척추도 함께 구부려져
불편한 자세가 된다.

골반이 수직으로 바르게
세워져 있다.

골반이 앞쪽으로 과장되게
기울어져 있다.

달인의 자세(완벽한 자세)

'시다사나'라고 불리는 달인의 자세는 산스크리트어로 '완벽한 자세'라는 뜻으로, 명상 좌법 중 가장 유명한 자세입니다. 한 발을 생식기에 가까이 놓고 나머지 발을 그 앞에 나란히 놓습니다. 때로 발 위치를 서로 바꾸어 놓는 것도 괜찮습니다.

양손은 팔과 어깨가 편안한 위치에 놓습니다. 손을 허벅지 위에 편안하게 포개 얹어 놓거나 무릎 위에 자연스럽게 두면 됩니다. 손바닥은 위로 향해도 되고, 아래로 덮어 두어도 좋습니다. 저는 가끔 한 손은 허벅지 위에, 다른 한 손은 무릎 위에 손바닥이 아래로 향하게 올려놓고 비대칭의 자세를 취하기도 합니다.

달인의 자세에서 가장 중요한 점은 엉덩이가 무릎보다 높거나 적어도 같은 위치에 있어야 한다는 것입니다. 무릎이 엉덩이보다 높으면 골반 윗부분이 뒤로 기울어져 허리에 피로감이 빠르게 쌓입니다. 그렇게 되면 쌓인 피로감이 금세 불편함으로 느껴질 것입니다. 방석의 가장자리나 담요를 말아 엉덩이에 깔고 앉으면 무릎보다 엉덩이가 높아져 편안함을 느낄 수 있습니다.

방석을 깔고 앉은 모습

세이자 자세

세이자(seiza) 자세는 일본의 전통에서 내려오는 앉는 자세입니다. 세이자 자세의 시작은 안장 자세와 비슷하지만, 양 무릎을 모으는 것이 차이점입니다.

A. 발뒤꿈치 위에 엉덩이를 대고 편안하게 앉습니다. 양손은 허벅지 위에 포개 얹어 놓습니다.

B. 아주 유연한 사람들은 양 발뒤꿈치 사이를 열고 바닥에 엉덩이 내려놓고 앉기도 합니다.

C. 또 다른 방법은 작은 방석이나 담요를 말아 엉덩이에 깔고 앉는 것입니다. 이 방법은 무릎과 종아리의 눌림을 완화시킬 수 있습니다.

A

B

C

의자를 이용한 좌법

서양인들의 체형에는 등받이에 기대지 않고 의자의 가장자리에 척추를 바르게 펴서 앉는 자세가 가장 쉽게 받아들일 수 있는 자세일 것입니다. 이것은 파라마한사 요가난다[12]가 서양 학생들에게 가르쳤던 자세이기도 합니다.

CHAPTER 7.

차크라 이론

수슘나 안의 차크라들

요가 이론의 커다란 세 가지 핵심은 기, 경락, 차크라입니다. 앞에서 기와 경락에 대해 다루었으니, 이제 차크라에 대해 자세히 알아보도록 합시다.

차크라는 우리 몸의 척추를 따라 존재하는 에너지의 중심점이자 영적 중심지입니다. 그리고 육체의 몸, 감정의 몸, 정신의 몸은 차크라를 통해 서로 이어져 영향을 주고받습니다.

차크라는 여러 개가 존재합니다. 일부는 중요하게 여겨지기도 하고 일부는 그렇지 않기도 합니다. 어떤 전통에서는 5개의 차크라가 있다고 하고, 다른 곳에서는 9개가 있다고 말하기도 합니다. 이 책에서는 7개의 주요 차크라에 초점을 맞추었습니다.

7개의 차크라는 척추 안쪽의 경락에 있고, 이 경락을 수슘나라고 부릅니다. 차크라는 실에 꿰어 있는 구슬 목걸이처럼 수슘나를 따라 엮인 듯 연결되어 있습니다. 수슘나는 꼬리뼈에서부터 시작해서 두개골 맨 위에 있는 공간까지 이른다고 합니다.

이 두개골 꼭대기의 공간을 '천문(天門)'이라 부릅니다. 아기의 천문은 태어나서 몇 달 동안은 말랑말랑하다가 두개골이 붙으면서 점점 단단해짐니다. 요가에서는 이 공간을 모든 창조의 근원이자 절대자인 '브라흐만의 문'이라고도 부릅니다.(181쪽 참조)

차크라는 어디에 있을까?

언어를 통해서 차크라의 위치를 설명하려고 하다 보면, 차크라가 육체의 몸에 존재한다거나 물질적이라는 점을 시사한다고 생각하기 쉽습니다. 하지만, 이것은 어느 면에선 진실이기도 하고 어느 면에선 거짓이기도 하다는 것을 기억할 필요가 있습니다. 차크라의 위치를 논할 때엔 늘 이런 딜레마가 따릅니다.

'상처받은 가슴'의 고통은 실제 가슴 깊은 곳에서 느낄 수 있지만, 그 고통이 정말 가슴 속에 있다고 말할 수는 없습니다. 차크라는 육체와 관련 있지만, 동시에 육체를 넘어선 것이기도 합니다. 이 책에서 소개하는 차크라의 위치를 육체적 개념으로만 한정해 보지 않도록 주의하기 바랍니다. 모토야마 박사는 차크라가 뿌리와 꽃을 가지고 있는 것처럼 표현할 수 있다고 말했습니다. 차크라의 뿌리는 척추 안의 수슘나에 있지만, 차크라의 꽃은 척추에서부터 영역을 확실히 지정하기가 모호할 정도로 크고 넓게 핀다고 합니다.

어떤 사람은 차크라의 꽃 부분에 더 민감한 감각을 느끼고, 어떤 사람은 뿌리 부분인 수슘나를 더 잘 느끼기도 합니다. 차크라의 뿌리와 꽃에 대한 명상은 그저 출발점일 뿐입니다. 꽃이든 뿌리든 자신이 민감하게 느낄 수 있는 부분에 초점을 맞추면 됩니다. 또한 수련을 계속 이어 가면서 자신의 경험도 발전해 나가리라는 것을 기억합시다.

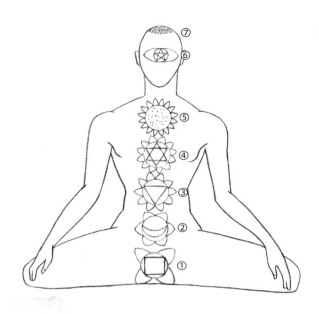

차크라의 이름	뿌리	꽃
⑦ 사하스라라	뇌의 윗면	머리 위의 공간
⑥ 아기아	뇌의 중앙	이마(제3의 눈)
⑤ 비슈다	경추 7번	목
④ 아나하타	흉추 7번	심장
③ 마니푸라	요추 2번	배꼽 주변
② 스바디스타나	천골	아랫배
① 물라다라	꼬리뼈	골반 바닥

세 가지 차원의 몸과 차크라

우리의 삶 속에 존재하는 세 가지 차원의 몸은 끊임없이 서로 영향을 주고받습니다. 생각과 사고는 정신의 몸과 연관이 있습니다. 정신의 몸은 육체와는 다른 차원에 있지만, 생각이 육체를 병들게 하기도 합니다. 지나치게 정치적인 연설이나, 터무니없는 사회적 불의를 보면 느끼는 육체적 반응이 한 예입니다.

감정의 몸 또한 마찬가지입니다. 심박수, 혈압, 아드레날린의 배출 등 우리 몸의 모든 시스템은 늘 감정과 생각의 영향 아래 있습니다. 물론 반대로 육체의 변화가 감정과 정신의 몸에 영향을 주는 것도 사실입니다.

육체의 몸은 감정의 몸에서 기인하고, 감정의 몸은 정신의 몸에서 기인합니다. 오늘날 사람들은 흔히 육체적 차원에만 스스로를 가두고 물질적 가치만을 중시한 채 살아갑니다. 하지만 육체적 차원만을 살아가면서, 우리는 삶에서 추구해야 하는 다른 차원에 대한 균형을 잃어버리게 되었습니다. 그렇게 되면 정신의 몸에 존재하는 어마어마한 지혜의 보석은 깊이 묻혀 버리고, 감정의 몸에 존재하는 이타적이고 아름다운 감정은 버려질 것입니다.

요가 수련자들은 각각의 영역에서 나타나는 기의 흐름을 조절하여, 의식을 좀 더 깊은 영역으로 확장하는 방법을 추구해야 합니다. 육체적으로는 고요히 앉아서 부드럽게 호흡하는 수련을, 감정적으로는 자신이 느끼는 감정적 반응을 조절하는 수련을, 정신적으로는 자신의 생각과 사고에 대한 집착이 없이 차분히 관찰하는 수련을 해야 합니다.

시바와 샥티

시바와 샥티의 개념은 차크라 이론의 중요한 토대입니다. 샥티는 만물을 형성하는 물질 에너지이고, 시바는 그 과정을 이끌고 조절하는 의식입니다.

원자, 별, 동물부터 천사에 이르기까지 우주의 모든 만물은 에너지의 망을 이루는 물질과 의식에 의해 생성됩니다. 그렇지만 어떤 사물에서도 시바와 샥티가 절대적인 구분법은 아닙니다. 물질 에너지인 샥티가 시바에 반응을 하기 위해서는 어느 정도의 의식하는 능력이 있어야 하고, 의식인 시바도 어느 정도의 에너지가 있어야 샥티에게 영향력을 줄 수가 있기 때문입니다.

시바와 샥티는 인양 혹은 남녀의 관계처럼 늘 상생하며, 서로가 없이는 존재할 수 없습니다. 이들은 하나의 궁극적 본질이 나타나는 두 가지 측면입니다.[13]

육체를 만들어 내는 시바와 샥티

샥티의 에너지는 하나의 수정란이 수십 조의 세포로 증식하여 육체를 구성하게 해 줍니다. 하지만, 의식인 시바가 이 과정을 인도하고 조절하지 않았다면 수십 조의 세포는 그저 형체 없이 물컹거리는 살덩이에 불과할 것입니다. 다시 말해, 샥티의 에너지는 세포가 증식하고 자랄 수 있게 하고, 시바의 의식은 세포의 성장과 복잡하고 경이로운 인체의 형성을 조율합니다.

몸이 자라면서 샥티의 활동과 역할은 점점 줄어듭니다. 활동이 줄어든 샥티는 척추의 맨 아래 바닥에 있는 물라다라 차크라로 내려가 잠들게 됩니다. 이때 대부분의 샥티 에너지는 물라다라 차크라에서 휴면 상태로 있지만 일부는 경락을 통해 흐르는 기로 나타납니다.

돌고 돌며 쌓이는 업과 윤회에 의해 우리는 육체를 얻게 되고, 광대한 시바의 의식에서 멀어집니다. 또한 육체에 대한 집착이 강해지는 사이, 감정과 정신의 몸에 대한 인지는 점점 희미해집니다.[14]

육체적 차원에서 일어나는 차크라 정화

차크라는 지난 생에 쌓아 온 모든 욕망과 습관의 씨앗들이 저장되어 있는 저장소입니다. 차크라는 잠재되었던 욕망을 의식의 세계로 끌어올립니다. 욕망을 의식하면 우리는 그 욕망을 충족하기 위해 계획을 세우고 실행합니다.

요가 철학에서는 모든 습관의 뿌리를 완벽히 제거하여 우리에게 더 이상 어떠한 욕망도 존재하지 않을 때, 세 가지 차원의 몸들에서 완전히 해방할 수 있다고 말합니다.

차크라 정화는 차크라 안에 저장되어 있는 모든 욕망과 습관의 씨앗들을 씻어 내는 작업입니다. 이를 위해서는 자신에게 내재되어 있는 씨앗들을 자각하고 의식해 가는 과정이 필요합니다.

초반에는 차크라의 육체적 위치에 초점을 맞추고 명상을 하겠지만, 수련이 깊어지면서 감정적, 정신적 영역까지 의식하게 될 것입니다.

육체적 차원의 차크라 정화는 고요히 앉아 호흡에 집중하는 것입니다.

몸이 불안정하고 호흡이 불규칙하면 기가 소진됩니다. 반면 고요하게 정자세를 유지할 때는 호흡이 점점 차분해지면서 기가 차크라로 모이게 됩니다. 이렇게 모인 육체적 기를 차크라는 감정이나 정신의 몸에 있는 기로 변환하여 흐르게 하는데, 이때 수련자는 차크라의 감정적 차원과 정신적 차원을 경험할 수 있습니다.

감정의 차원에서 일어나는 차크라 정화

명상이 깊어지면서 수련자는 자신의 생각, 감정, 기억 등 각 차크라에서 활동하는 감정의 몸들을 경험하게 됩니다. 이때 의식의 영역을 차지하는 모든 것을 총칭하여 '브리띠'라고 부릅니다. 브리띠의 사전적 의미는 소용돌이인데, 생각, 기억, 감정들을 의미합니다. 차크라 명상을 하면서 수련자는 전에는 인식하지 못했던 기억이나 감정을 자각하게 될 것입니다. 처음 경험할 수 있는 브리띠는 일상 안에서 일어나는 일들과 관계된 것들입니다. 하지만 수련이 계속되면서 브리띠는 점차 더 강렬한 감정적 기억과 경험들, 자신의 성향을 형성하고 있는 일들에 대한 자각으로 확장됩니다.

이런 종류의 브리띠를 접하면 때로는 놀라기도 하고 때로는 자신을 돌아보는 계기가 되기도 합니다. 이것들은 어릴 적 일어난 일부터 연인에게 거절당했거나, 직장에서 해고당했던 일까지 다양합니다. 자신도 모르게 노출되어 버린 성욕, 거짓말을 했던 수치스러운 순간, 비겁하거나 배은망덕했던 순간, 상처나 부당한 대우를 받았던 일 모두가 포함됩니다. 이런 브리띠를 자주 대면하지는 않는다 할지라도 의식적으로 마주하고 정화하는 과정을 가져야 자신의 행동 양식을 새롭게 할 수 있습니다.

집착하지 않기

브리띠를 대면할 때는 집착을 버려야 합니다. 어떤 브리띠든지 그것을 붙잡고 있거나 확대 해석하지 않고, 그대로 지나가도록 내버려 둬야 합니다. 그렇다고 그것을 부정해서도 안 됩니다.

시시각각 일어나는 브리띠를 객관적으로 관찰할 수만 있다면 감정의 에너지는 점점 힘을 잃게 될 것입니다. 자신에게 일어나는 감정에 대해 격렬하게 반응하지 않는 순간이 오면, 그것은 점점 내면의 힘과 지혜로움으로 변화합니다. 그러면 억제하지 못하는 감정으로 인한 충동적 행동도 사라지고, 지나간 과거의 경험으로 인해 괴로워하는 일도 사라질 것입니다. 심지어 부정적인 영향을 주는 타인에게조차도 진심 어린 동정과 이해심을 갖게 될 것입니다.

물론 브리띠가 언제나 괴롭기만 한 것은 아닙니다. 어떤 충동이나 기억은 평온함을 가져오기도 합니다. 이런 브리띠 역시 경험을 한 후에는 집착없이 보내야 합니다. 그리고 다시 집중하는 명상의 상태로 돌아가야 합니다.

자신이 집중하고 있는 차크라와 브리띠가 언제나 일치하는 것은 아닙니다. 자신이 집중하는 순간 더 활동적인 다른 차크라에서 브리띠가 나타날 수도 있습니다. 브리띠가 어느 차크라에서 기인하느냐에 상관 없이, 수련자는 늘 브리띠를 객관적으로 관찰하고 흘려보내거나, 혹은 그 근원으로 향해야 합니다.

정신의 차원에서 일어나는 차크라 정화

영적 수련이 깊어갈수록 브리띠는 정신의 몸에 해당하는 믿음과 사상, 혹은 한 번도 의심해 보지 않은 자신에 대한 신념 등으로 나타납니다. 믿음과 신념에 대한 집착은 육체적 집착보다도 강렬합니다. 사람들은 자신의 신념을 지키기 위해 죽음을 택하거나 살인을 저지르기도 합니다. 신념을 위해 목숨을 바치는 것이 어떻게 보면 고결한 일일 수도 있지만, 다르게 보면 신념에 대한 강한 집착이 살인을 저지르게 만드는 것입니다.

우리는 정신의 차원에서 일어나는 믿음과 사고들을, 다양한 사실과 진실을 바탕으로 하는 지식과 혼동하거나 오인해서는 안 됩니다. 모든 사람들은 자신의 삶을 이끄는 신념들과 의견들을 가지고 있습니다. 그리고 어떤 사람들은 자신의 사고가 모순투성이라 해도 그것을 자신의 신념 혹은 믿음으로 여기며 집착하기도 합니다.

수련자는 어떤 브리띠라도 집착 없이 객관적으로 대할 수 있어야 합니다. 이것은 자신의 믿음과 신념을 저버리는 것이 아닙니다. 오히려 자신의 믿음과 신념에 있는 모순들을 자각하고 수정할 수 있는 힘, 혹은 그것을 지켜 나갈 수 있는 용기를 얻게 될 것입니다.

통찰과 마음가짐 그리고 분별하는 힘

정신의 차원에는 지혜와 통찰도 있지만, 어리석음과 치기 어린 열정도 함께 존재합니다. 통찰력을 가진 수련자는 자신이 진실이라 믿어 왔던 것을 의심하고 재조명할 수 있습니다. 누군가에게 기만당하고 있다는 것을 깨닫는 순간 같은 것이 계기가 될 수도 있습니다. 전에는 눈치 채지 못했던 수많은 암시와 징후가 전광석화처럼 환하게 빛나며 퍼즐 조각이 맞춰지듯 하나의 그림을 보여 주는 그런 경험입니다.

개인적인 삶 안에서의 통찰은 중요하지만, 그 성격의 본질은 매우 자기중심적일 수밖에 없습니다. 반면에 예술적 혹은 영적 통찰은 그 본질이 드높아 많은 이를 이롭게 하고 행복하게 만드는 값진 선물과도 같습니다. 이것은 동시에 한 개인의 영적 성장의 지표가 되기도 합니다. 자기중심적인 이기심이 없는 통찰은 역설적으로 더 큰 만족감을 가져다 줍니다. 아인슈타인의 상대성 이론에 대한 통찰을 예로 생각할 수 있습니다. 실제로 아인슈타인은 이것이 그의 생에서 가장 깊은 만족감을 느꼈던 일이라고 말했습니다.

믿음과 이상은 정신적 차원의 브리띠 중 일부에 지나지 않습니다. 낙관적이거나 비관적인 삶의 태도, '남자 혹은 여자', '내 몸은 내 것이다.' 같이 자신에 대한 무의식적 인식도 정신적 차원의 브리띠입니다.

모토야마 박사는 수련자가 정신적 차원의 브리띠에 집중할 수 있으면, 명상의 대단한 진보를 의미하는 것이라 했습니다.

브리띠와 바사나

오랫동안 억눌려 있는 브리띠를 바사나라고 부릅니다. 바사나는 몇 년 혹은 평생 동안 휴면 상태로 있을 수도 있지만, 바사나가 나타날 때는 흔히 마주하는 브리띠에 비해 훨씬 강렬하게 표출되며 강한 힘을 발휘

합니다.

모토야마 박사는 이것들을 물 위에 둥둥 뜨는 비치볼에 비유했습니다. 바사나는 비치볼이 층층이 쌓여서 물 밑에 꽉 눌려 있는 상태와 비교할 수 있습니다. 비치볼이 밑으로 강하게 눌려 있을수록 수면으로 나올 때는 더 힘차게 치고 올라올 것입니다.

수면 위에 떠 있는 비치볼들은 일상적으로 경험하는 욕망들, 매일의 삶에서 겪는 브리띠입니다. 욕망이 채워지고 브리띠가 해소되면 그 밑에 눌려 있던 비치볼들이 수면으로 또 올라오게 됩니다.

브리띠가 끝도 없이 줄줄이 이어지는 것만은 아닙니다. 욕망이 채워져 브리띠가 해소될 때에는 잠시라도 평온함을 느끼기도 합니다. 하지만 억눌려 있는 바사나가 수면으로 올라올 때는 습관적으로 익숙해져 있는 일상적 브리띠보다 훨씬 강렬한 영향을 미칠 것입니다.

바사나의 가장 쉬운 예로 중년의 위기를 생각할 수 있습니다. 우리는 살면서 학교, 친구, 연애, 직업 등 많은 선택과 결정을 합니다. 이때 선택은 무엇인가를 취하는 동시에 무엇인가를 버린다는 것을 의미합니다. 중년의 나이가 되면 그때까지 우리 삶을 이어 주던 일상적 브리띠가 점차 힘을 잃게 됩니다. 그러면 그 틈을 타고 억제되어 있던 바사나가 차고 올라와 과거에 자신이 했던 선택에 대한 회의와 후회가 밀려듭니다. '이 직업이 정말 나에게 맞는 걸까? 이 결혼은 정말 잘한 것일까? 내가 그때 다른 선택을 했다면 어땠을까?' 등 온갖 감정으로 물든 생각에 밤잠을 설칩니다.

차크라 명상의 위험성

바사나는 비합리적이지만 매우 강력합니다. 바사나는 사춘기 시절에 일어나는 충동과 비슷한 욕구로 올라와, 이루지 못했던 욕망들을 이루어 보겠다는 마음들을 강하게 일으킵니다.

어떤 사람들은 이런 바사나의 힘에 현혹되어 바람을 피우거나, 직업을 버리거나, 가족을 등한시하거나, 영적 수련을 팽개치는 등 바람직하지 못한 행동을 하기도 합니다. 하지만 시간이 지나고 나면 자신에게서 비롯된 모든 과오와 아픔을 후회하고 뉘우치게 됩니다. 바사나는 마치 사춘기 때 겪는 질풍노도의 충동을 몰고 오기 때문에 잊고 살았던 채워지지 않은 욕망에 대한 간절함을 밀어내기란 쉬운 일이 아닙니다.

우리는 또한 차크라 명상을 하면서 중년의 위기와 같은 고비를 몇 번이고 경험할 수 있는데, 이것이 차크라 명상의 위험성입니다. 강력한 바사나가 표출될 때 우리는 억눌렸던 욕망이 진정 자신이 원하는 바이고, 그것이 충족되면 더 행복해질 것이라고 착각하기 쉽습니다.

하지만 밀려오는 바사나에 휩쓸리지 않고 그것을 차분히 바라보고 관찰할 수 있다면 분출하는 욕망이나 그것에 대한 충족감도 특별하게 더 나을 것이 없다는 것을 깨달을 것입니다. 이런 정신적 고요함을 찾는다면 성난 감정으로 물든 바사나의 에너지도 점차 차분해져서 지혜와 평화로움의 에너지로 변화될 것입니다.

자신의 믿음과 감정에 대한 집착을 버리고, 언제나 객관적인 자세로 관찰할 수 있도록 노력해야 합니다. 윤리적이고 긍정적인 사고는 이런 객관적 탐구에 힘을 실을 수 있는 방법입니다. 아내에 대한 사랑을 객관적으로 관찰한다고 해서, 그 사랑이 줄어들지는 않습니다. 오히려 사랑이라는 이름 속에 감춰진 이기심을 드러내어 정화시켜 줄 것입니다.

참고로, 자신이 사랑하는 것에 대해 성찰하는 수련을 '박티요가'라고 부르고, 영적 가르침의 진리에 대해 성찰하는 수련을 '즈냐나요가'라고 부릅니다.

요가의 목적 되새기기

지금까지 바사나를 해소하고 집착을 버리는 것에 대해 살펴봤습니다. 이쯤에서 요가가 삶을 무미건조하게 만든다고 느낄 수도 있는데, 이는 나무만 보고 숲을 보지 못하는 격입니다.

요가 수련은 떠오르는 욕망을 채우기 위한 것도, 욕망을 억누르기 위한 것도 아닙니다. 요가는 습관적 생각과 감정을 객관화하고 자신의 집착을 내려놓는 연습입니다. 이것이 이루어지면 우리는 더 큰 만족감과 충만감을 얻게 되고, 내면의 힘과 지혜는 더 강해질 것입니다.

이 시점에서 책의 앞부분에서 거론한 요가의 목적을 다시 한번 짚어 봅시다. 오래전부터 요가의 현자들은 인간이 세 가지 차원의 몸으로 이루어져 있다고 말했습니다. 믿음과 사상을 담은 정신의 몸, 감정과 욕망을 담은 감정의 몸, 물질로 채워진 육체의 몸입니다. 그리고 이 세 가지 차원의 몸은 두뇌와 척추에 있는 특별한 에너지 중심부에 의해 서로 연결되어 영향을 주고받습니다. 영적 현자들은 인간의 의식이 세 가지 몸에 제한되지 않고 그 이상으로 확장될 수 있으며, 우주의 모든 만물과 하나가 될 수 있는 능력을 가지고 있다고 가르칩니다.

요가는 우리의 의식을 확장하고 자유롭게 하는 방법을 체계적으로 모아 놓은 정신 과학입니다. 차크라 명상은 자신의 감정적 집착과 정신적 오류를 인식해 가는 과정이고, 그 굴레를 조금씩 풀어 가는 일입니다. 그러면 우리의 의식은 세 가지 차원의 몸을 넘어 상상치 못한 기쁨과 지혜의 세계로 나아갈 수 있을 것입니다.

CHAPTER 8

샥티를 깨우기 위한 반다 수련들

기와 샥티의 관계

기는 경락을 타고 끊임없이 흐르지만, 무한한 잠재력을 가진 샥티는 척추의 맨 끝부분인 첫번째 차크라에 잠들어 있습니다.

기와 샥티는 타고 있는 양초에 비유할 수 있습니다. 심지가 타면서 녹는 초의 액체 부분은 인체를 순환하는 기에 해당하고, 양초의 고체 부분은 잠재적 에너지인 샥티에 해당합니다.

전통적으로 샥티는 잠들어 있는 상태로 보지만, 가끔은 부분적으로 깨어나 강력한 에너지를 불어넣기도 합니다. 성적 오르가즘, 태아의 성장, 사춘기의 급격한 변화 같이 엄청난 에너지가 쏟아지는 사건들은 기의 흐름으로는 다 충족될 수 없는 부분으로, 활동하는 샥티가 발현된 징후들입니다.

신성한 샥티의 힘은 탄트라 요가 수행자들에게 매우 중요합니다. 요가 동작과 호흡 수련은 경락 안으로 흐르는 기의 흐름을 조화롭게 합니다. 하지만 차크라를 여는 데에는 기보다 더 강하고 미묘한 샥티의 힘이 필요합니다.

잠들어 있는 샥티를 깨우는 방법은 흔들림 없는 집중력으로 차크라에 기를 모으는 것입니다. 우리는 차크라를 깨워 그 힘을 수련하는 노력에 더해야 합니다.

샥티는 흔들림 없는 집중력을 통해 차크라로 기를 모아 깨울 수 있고 이런 샥티의 힘을 요가 수련의 노력에 보탤 수 있습니다. 그리고 반다 수련 역시 샥티를 깨우는데 큰 도움이 됩니다.

반다 수련

차크라 주변의 특정 근육을 수축하여 기의 흐름을 촉진할 수 있는데, 이것을 '반다'라고 부릅니다. 반다의 사전적 의미는 '묶다, 제한하다'입니다. 반다 수련은 근육을 부드럽게 수축하고, 호흡하고, 호흡을 참는 것으로 이루어져 있습니다. 대체로 반다 수련은 명상 전에 하지만, 명상 도중 산만한 상태를 바로잡아 다시 집중할 수 있도록 유도할 때에도 좋습니다. 반다 수련은 의식과 기를 몸 안으로 모아 차크라 주변으로 집중시켜 샥티가 깨어나는 것을 도와줍니다.

차크라 명상을 하며 집중하다 보면 점차적으로 호흡의 수가 줄게 되고, 이런 상태가 지속되면서 피로감을 느끼기도 합니다. 이때 반다 수련을 하게 되면 여분의 기를 수슘나로 모아 줌으로써 다시 오랫동안 집중을 유지할 수 있게 만들어 줍니다.

척추를 중심으로 기의 순환을 계속 반복할 때 수슘나는 점점 자기력을 띠게 됩니다. 여기에 반다 수련을 더해서 오랫동안 유지하면 반다를 해제한 후에도 자기력을 띤 수슘나에 흐르는 강력한 기의 흐름이 계속됩니다.[15]

반다 수련은 내쉬는 호흡과 함께 시작합니다. 숨을 내쉴 때 집중하는 차크라 주변으로 기를 모으면서 근육을 수축하고, 숨을 마실 때는 근육을 이완하여 반다를 풀어 줍니다.

반다 수련이 양적인 수련이기는 하지만 근육을 수축할 때는 부드럽게 해야 하고 압박을 주어서는 안 됩니다. 얼만큼 빨리 힘 있게 하느냐보다는 악기를 연주하듯 리듬감 있게 조절하는 것이 중요합니다.

보통 들숨-날숨-참기의 리듬은 아래와 같습니다. 4-4-8, 4-4-12, 8-8-8, 8-8-16의 비율인데, 표시된 숫자는 대략적인 리듬을 설명한 것이니 표시된 숫자에 집착하지 말고 여유를 가지고 진행합니다. 자신에게 편안한 들숨-날숨-참기의 리듬을 찾아서 무리하지 않고 몇 분동안 반다 수련을 지속하면 됩니다.

호흡을 참는 동안은 목구멍(성문)을 눌러 닫지 않도록 합니다. 이는 호흡을 참는 동안 실제 폐로는 공기가 들어가지는 않지만, 마치 들숨을 하는 것처럼 기의 흐름이 계속 차크라로 향하도록 하기 위함입니다.

물라다라 반다

물라다라 차크라의 꽃 부분인 골반의 바닥은 항문과 생식기를 둘러싸고 보조합니다. 이 부분의 조직을 수축하고 이완하는 것을 전통적으로 물라다라 반다라고 칭합니다.

숨을 내쉬는 동안 골반 바닥을 수축하며 물라다라에 마음을 집중하고 잠시 멈추었다가, 수축을 서서히 풀면서 숨을 물라다라를 향해 들이마신 후 목구멍을 편안히 열어 둔 채로 호흡을 잠시 참습니다. 집중을 유지한 채로 몇 초간 쉬었다가, 위와 같은 방법으로 내쉬고, 마시고, 참는 수련을 7번, 14번 혹은 21번을 반복합니다.

숨을 내쉬며 물라다라 반다를 수축시키는 동안 물라다라 차크라 안에서 시바와 샥티의 에너지가 하나가 되는 것을 마음속으로 그려 봅니다. 마시는 호흡에 정수리에서 시바의 에너지가 수슘나로 하강하여 척추 맨 아래 물라다라에 존재하는 샥티의 에너지와 만나고, 숨을 참는 동안 시바와 샥티의 에너지가 하나로 통합되는 것을 상상해 봅니다.

골반의 바닥은 여러 개의 근육으로 이루어져 있는데, 어떤 근육을 수축할 때 물라다라 차크라를 가장 잘 자극할 수 있는지는 사람마다 다릅니다. 여자는 항문 혹은 생식 통로의 근육을 수축하거나 둘 다 수축할 수도 있고, 남자는 항문이나 회음부의 근육을 수축하거나 마찬가지로 둘 다 수축할 수 있습니다. 골반의 어느 부분이 되었든 골반 바닥의 조직을 긴장하여 물라다라 반다에 대한 자각을 활성화하는 것이 중요합니다.

물라다라 차크라의 바사나는 육체적 세상에 존재하고자 하는 욕망이 지배적이며 이것은 자신의 몸, 소유물, 평판 등 외부적 가치로 자신을 평가하는 행동으로 표출이 됩니다. 또한 이것은 다른 종류의 바사나의 근본이 되기 때문에 물라다라 차크라에 대한 자각은 중요합니다.

이런 물라다라의 바사나를 정화하고 변화시키기 위해서 수련자는 누구도 피할 수 없는 죽음에 대한 성찰을 자주 해야 합니다. 물라다라가 각성되고 열려 샥티의 에너지가 깨어나면, 다른 차크라에 깊이 묻혀 있는 바사나를 객관적으로 성찰하는 데 힘이 될 것입니다.

스바디스타나 반다

스바디스타나 차크라의 꽃은 배꼽과 치골 사이의 아랫배 부분으로 이곳의 반다 수련을 '바즈롤리'라고 부릅니다. 숨을 내쉬는 동안 아랫배를 수축하고 잠시 멈추어 마음을 집중합니다. 천천히 수축을 풀면서 숨을 아랫배를 향해서 들이마신 후에, 물라다라 반다는 수축하고 목구멍은 열어 둔 상태에서 숨을 참습니다. 다시 물라다라 반다를 이완하고 스바디스타나 차크라에 마음을 모으고 잠시 쉬었다가, 위와 같은 방법의 수련을 7번, 14번 혹은 21번 반복합니다.

숨을 내쉬면서 시바와 샥티의 에너지가 스바디스타나 차크라 안에서 하나가 되는 모습을 마음속으로 그려 봅니다. 숨을 마시면서 시바 에너지가 수슘나로 하강하여 스바디스타나로 들어갑니다. 숨을 참고 물라다라 반다를 수축하는 동안 샥티 에너지가 수슘나를 통해 스바디스타나로 올라와 시바 에너지와 하나가 되는 것을 상상해 봅시다.

스바디스타나 차크라의 바사나는 무의식적 성욕, 분노, 공포와 관련이 있는데, 주로 자주 짜증을 내거나 이상적이고 비밀스런 행동을 하는 것으로 표출이 됩니다. 이 바사나를 정화하고 변화시키기 위해서 수련자는 매일 자신의 행동거지를 관찰하고 그것이 자신의 인생 목표와 부합하는지를 자주 돌아봐야 합니다.

또한 스바디스타나 차크라는 자기 자신에 대한 열린 마음과 정직함으로 정화할 수 있습니다. 스바디스타나가 열리면서 수련자는 자신의 몸을 통해 스스로를 인식하는 것을 멈추게 됩니다. 그러면 공포심을 이겨 내고 육체적 힘이 증가됩니다.

또한 자기 자신에 대해 열린 마음을 가지고 정직함을 실행하는 것도 스바디스타나 차크라의 정화법입니다. 이 차크라가 열리면 수련자는 육체를 통해 스스로를 인식하는 것을 멈추게 되고, 이것은 두려움을 이기는 더 강한 마음과 육체로 나타납니다.

한국, 중국, 일본의 선종과 도교의 명상에서는 물라다라와 스바디스타나 차크라를 함께 묶어 '단전' 혹은 '하라[16]'라고 부르며 이곳에 집중을 유지하라고 강조합니다. 모토야마 박사는 역시 명상 시간의 대부분을 스바디스타나 차크라에 할애하라고 권하기도 했습니다. 샥티 에너지가 휴면 상태일 때는 물라다라 차크라에 있지만, 깨어나면 스바디스타나 차크라로 올라옵니다. 이때 스바디스타나가 열린 상태가 아니라면 감정과 정신의 몸으로 기를 승화하는 것이 불가능합니다.

마니푸라 차크라

마니푸라 차크라의 꽃은 배꼽과 흉골 사이의 윗배 부분으로 이곳의 반다 수련을 '우디야나'라고 부릅니다. 숨을 천천히 내쉬는 동안 천천히 윗배를 수축한 상태에서 잠시 멈추어 그곳에 마음을 집중합니다. 수축을 풀고 마니푸라 차크라를 향해 숨을 마신 후에, 물라반다를 수축하고 목구멍을 열어 둔 상태에서 호흡을 참습니다. 다시 물라반다를 이완하고 다시 숨을 내쉬며 윗배를 천천히 수축합니다. 마니푸라 차크라에 마음을 집중하고 잠시 쉽니다. 위와 같은 방법의 수련을 7번, 14번 혹은 21번을 반복합니다.

숨을 내쉬는 동안 시바와 샥티 에너지가 마니푸라 차크라 안에서 하나가 되는 모습을 마음속으로 그려 봅시다. 숨을 마시는 동안 시바 에너지가 수슘나를 통해 마니푸라 차크라로 내려가고 숨을 참고 있는 동안 샥티 에너지가 상승하여 마니푸라 차크라에서 하나가 되는 것을 상상해 봅시다.

마니푸라 차크라의 바사나는 근심과 탐욕과 관련이 있습니다. 이 바사나를 정화하고 변화시키는 방법은 마음을 열고 다른 사람의 말을 귀기울여 듣는 것입니다.

마니푸라 차크라는 자신의 좋고 싫음에 대한 판단을 내려놓음으로써 열릴 수 있으며, 이것은 다른 사람의 감정과 의도를 꿰뚫어 보는 능력으로 나타납니다. 또한 인내심과 지구력이 증가되고 명상 수련에서 오랫동안 정자세를 유지할 수 있는 능력으로 나타납니다.

아나하타 반다

아나하타 차크라의 꽃은 가슴 부분이고, 이곳의 반다 수련을 '우자이'라고 부릅니다. 숨을 내쉬고 마실 때마다 목구멍을 살짝 닫은 상태를 유지하며 '쉬-익' 하는 쇳소리가 나도록 합니다. 숨을 천천히 내쉬고 마신 후에 물라다라 반다를 수축하고 숨을 참으면서 아나하타 차크라에 마음을 집중합니다. 이때 목구멍은 활짝 열어 둡니다. 다시 물라다라 반다를 이완하고 숨을 내쉬며 '쉬-익' 소리를 냅니다. 아나하타 차크라에 집중을 유지하며 잠시 쉽니다. 위와 같은 방법의 수련을 7번, 14번 혹은 21번 반복합니다.

숨을 내쉬는 동안에는 시바와 샥티의 에너지가 아나하타 차크라 안에서 통합되는 모습을 마음속으로 그려 봅시다. 숨을 마시는 동안 시바의 에너지가 수슘나를 통해 아나하타 차크라로 하강하고, 숨을 참는 동안 물라다라 반다를 수축하여 샥티 에너지가 올라와 아나하타 차크라에서 하나가 되는 것을 상상해 봅시다.

 성문을 살짝 닫아 호흡을 할 때 '쉬-익' 하는 소리가 부드럽게 나는데, 이 소리가 반드시 크게 잘 들릴 필요는 없습니다. 그래도 초보 단계에서는 소리를 내는 것이 쉽게 터득하는 방법입니다. 숨을 마실 때는 가슴과 갈비뼈를 팽창시켜서 가득 마시도록 합시다.

아나하타 차크라의 바사나는 공격성과 책임감에 연관이 있습니다. 이 바사나를 정화하고 변화시키는 방법은 늘 감사하고 만족하는 자세를 가지는 것입니다. 마니푸라 차크라는 다른 사람의 기를 받아들이는 차크라인데 반해 아나하타 차크라는 자신의 기를 조절하고 발산하는 차크라입니다.

아나하타 차크라가 열리면 수련자의 치유의 기가 손과 목소리를 통해 전달됩니다. 또한 기를 척추 내부로 움직일 수 있고 심박수와 호흡을 차분하게 하기도 합니다. 또한 아나하타 차크라는 바깥 세상의 어지럽고 시끄러운 소음이 닿지 못하는 평안한 안식처가 있는 곳이기도 합니다.

비슈다 반다

비슈다 차크라의 꽃은 목구멍이고, 이 부분의 반다 수련을 '잘란다라'라고 부릅니다. 아나하타 차크라에서 수련했던 것처럼 우자이 호흡법으로 쉿소리를 내면서 숨을 내쉬고 마십니다. 숨을 참을 때는 목구멍을 눌러서 완전히 닫고 물라다라 반다를 수축하도록 합니다. 잠시 후 물라다라를 이완하고 숨을 천천히 내쉽니다. 마음을 비슈다 차크라에 집중하고 잠시 쉬도록 합니다. 위와 같은 방법의 수련을 7번, 14번 혹은 21번 반복합시다.

숨을 내쉬는 동안 시바와 샥티의 에너지가 비슈다 차크라에서 하나로 통합되는 모습을 마음속으로 그려 봅니다. 숨을 마시는 동안 시바 에너지가 수슘나를 통해 비슈다로 내려가고, 숨을 참으면서 목구멍을 닫고 물라다라를 수축하는 동안 샥티 에너지가 비슈다 차크라로 올라와 시바 에너지와 하나가 되는 것을 상상해 봅시다.

숨을 마실 때는 가슴과 갈비뼈를 팽창시켜 가득 마시도록 합시다. 숨을 참는 동안은 갈비뼈와 복부를 이완한 상태로 유지하여 압력이 목구멍으로 가도록 해야 합니다. 숨을 참는 동안 목구멍을 닫는 것은 비슈다 반다가 유일한 예입니다.

비슈다 차크라의 바사나는 슬픔과 자존심에 연관이 있습니다. 이 바사나를 정화하고 변화시키는 방법은 존재하는 모든 것의 아름다운 면을 보고, 또 그것에 집착하지 않음을 수련하고 또 수련하는 것입니다.

비슈다 차크라가 열리면 기억력과 집중력이 향상됩니다. 또한 살면서 발생하는 문제와 걱정의 중요도를 선명히 구분하게 됩니다.

아기아 반다

아기아 차크라는 앞의 다섯 개의 차크라와는 차이가 있습니다. 시바와 샥티 에너지는 물라다라와 아기아 차크라 사이에서 순환합니다. 이 두 개의 차크라는 특별한 관계를 가지고 서로에게 영향을 줍니다. 물라다라 차크라가 샥티 에너지의 집이라면, 아기아 차크라는 시바 에너지의 집입니다. 이 두 개의 차크라 사이에서 에너지를 계속 순환시키면 수슘나는 점점 자기성을 갖게 되며 각 차크라의 균형 있는 개발에 도움이 됩니다.

아기아의 뿌리는 뇌 안쪽 중앙이고 꽃은 이마 부분에 있습니다. 아기아 차크라의 반다는 마니푸라 차크라의 반다를 할 때처럼 윗배를 수축하는데, 한 가지 차이점은 숨을 마시면서 윗배를 수축하는 것입니다. 이것은 윗배의 팽창 없이 갈비뼈를 경미하게 들어올려 가슴을 확장하기 위함입니다.

앞선 다섯 개 차크라의 반다 수련에서는 들숨에서 시바 에너지가 하강하는 것에 초점을 맞췄는데, 반대로 아기아 차크라에서는 들숨에서 샥티 에너지가 상승하는 것에 초점을 맞춥니다. 물론 차크라 안에서 시바와 샥티 에너지의 만남이 목표인 점은 같습니다.

숨을 내쉬면서 물라다라 차크라로 마음을 모읍니다. 그리고 숨을 마시며 윗배를 천천히 수축하면서 샥티 에너지가 수슘나를 통해 아기아 차크라로 올라가는 모습을 마음속으로 그려 봅니다.

목구멍을 열어 둔 상태에서 숨을 참으면서 시바 에너지가 내려와 아기아 차크라 안에서 샥티 에너지와 하나가 되는 모습을 그려 봅시다. 잠시 후 윗배를 이완하며 천천히 숨을 내쉬면서 하나가 된 시바와 샥티가 수슘나를 타고 물라다라 차크라로 내려가는 것을 상상합니다. 잠시 쉬면서 물라다라 반다에 마음을 집중합니다. 위의 방법의 수련을 7번, 14번 혹은 21번 반복합니다.

아기아 차크라는 수련자를 높은 경지의 영적 에너지와 이어 주며 바사나를 올바르게 해석하고 편견과 집착과 망상에 빠지지 않도록 인도하는 지혜의 중심지입니다. 아기아 차크라가 활성화되지 않으면 수련자는 다른 다섯 개의 차크라에서 발생하는 바사나에 쉽게 휩쓸리는 위험에 빠질 수 있습니다. 아기아 차크라를 깨우기 위한 방법은 하루에도 몇 번씩 하던 일을 잠시 멈추고 아기아 차크라에서 들리는 나다 소리(193쪽 참조)에 귀를 기울이는 것입니다.

아기아 반다 수련법의 변형들

아기아 차크라의 반다 수련에는 여러가지 변형법이 있는데 이것은 탄트라 요가와 도가의 명상법에서 가장 중요한 부분입니다. 『황금 꽃의 비밀 (The Secret of the Golden Flower)』이라는 도교요가 책에는 아기아 차크라 반다법 하나만 알면 충분하다는 기록이 나옵니다.

20세기의 저명한 요기인 파라마한사 요가난다도 같은 의견을 역설하며 다양한 아기아 차크라의 반다 방법을 '크리야 요가'라는 수련법에서 강조한 바 있습니다. 도교 요가에서는 아기아 차크라의 반다 수련을 일컬어 '빛의 순환' 혹은 '반전 호흡'이라고 부릅니다.

이때 빛의 순환은 수슘나를 타고 위아래로 오르내리는 것과는 달리 몸의 뒷면을 타고 위로 올라가고 몸의 앞면을 타고 밑으로 내려가는 궤도를 그립니다.

제 경험에 비추어 보면 에너지는 수슘나를 따라 위아래로 흐르기도 하고, 몸의 앞면과 뒷면을 따라 순환하기도 합니다. 몸의 앞면과 뒷면에서 느껴지는 에너지는 기이고, 수슘나 안에서 느껴지는 에너지는 시바와 샥티 에너지로, 이 둘은 서로에게 영향을 준다고 생각됩니다. 쇠붙이 주변의 전선에 도는 전기로 인해 쇠붙이에 자기력이 발생하듯이, 몸의 앞면과 뒷면을 따라서 순환하는 에너지는 수슘나 안의 에너지에 영향을 줄 것입니다.

빛의 순환

이 방법은 몸의 뒷면을 통해 에너지를 올리고 앞면을 통해 밑으로 내리는 아기아 차크라 반다 수련법입니다. 들숨을 하는 동안 물라다라와 마니푸라 반다를 순서대로 수축하는데, 숨을 마시기 시작할 때 물라다라 반다를 먼저 수축하고 다음에 마니푸라 반다를 수축합니다.

내쉬는 호흡으로 시작하면서 몸의 앞면을 따라 에너지를 아기아에서 스바디스타나 차크라로 내린다고 생각합시다. 잠시 멈추어 물라다라 반다를 수축했다가 다시 긴장을 풀면서 숨을 마십니다. 들숨을 하는 동안 이번에는 마니푸라 반다를 수축하여 에너지를 아기아 차크라로 다시 올립니다. 그리고 숨을 참으며 목구멍을 활짝 열어 둔 채로 아기아 차크라에 집중합니다. 다시 숨을 내쉬고 처음부터 다시 반복합니다. 숨을 마시는 동안 에너지는 스바디스타나에서 물라다라 차크라로 내려갔다가 몸의 뒷면을 타고 다시 위로 흘러 아기아 차크라로 올라옵니다.

아기아 차크라에 마음을 모으고 가능한 만큼 편안하게 목구멍을 열어 호흡을 멈추고, 다음 숨을 내쉽니다. 그리고 다음 순회를 시작합니다.

반전호흡

이번 아기아 반다의 변형법은 에너지를 몸 앞부분으로 올렸다가 몸의 뒷부분으로 내리는 방법입니다. 먼저 숨을 내쉬면서 몸의 뒷면을 따라 에너지를 아기아에서 물라다라 차크라로 내리고 잠시 멈추었다가 다시 숨을 마시면서 물라다라 수축하고 몸의 앞면을 따라 에너지를 다시 아기아 차크라로 올립니다. 목구멍을 열어 둔 채 숨을 참았다가 다시 숨을 내쉬며 에너지를 물라다라 차크라로 내립니다.

사하스라라 반다

수슘나의 보이지 않는 에너지 기둥은 몸 안에서 머리 위로 솟아 하늘로 연결되는데, 샥티 에너지 역시 수슘나를 타고 사하스라라 차크라를 통해 위로 솟아오릅니다. 사하스라라 차크라의 반다법은 수슘나 전체를 정화해 주기 때문에 명상을 마무리할 때 특히 유용합니다. 명상 중에 집중을 계속 하다 보면 머릿속으로 기가 침체하여 압력과 답답함을 느낄 수 있습니다. 사하스라라 반다법은 정수리에 위치한 '브라흐만의 문'을 열어 기를 뚫어 줍니다.

사하스라라 차크라의 뿌리는 뇌의 윗면이고 머리 위 공간의 한 지점을 그 꽃으로 생각하면 됩니다. 브라흐만의 문은 정수리 부분에 있는데 정수리를 이 차크라의 꽃이나 뿌리로 지정하기는 어렵습니다. 브라흐만의 문은 에너지를 모으는 곳이 아니라 에너지가 통과하는 지점입니다.

사하스라라 차크라의 반다법은 마니푸라 차크라에서 했던 것처럼 윗배를 수축하는데, 이번에는 마시는 숨에 수축을 합니다. 이것은 갈비뼈를 가볍게 들어올리는 동시에 숨을 마시면서 자연스럽게 윗배에 채워지는 압력을 더 강하게 하기 위함입니다.

몸통에 있는 다섯 개의 차크라는 들숨을 하면서 시바 에너지가 내려오는 것에 집중했습니다. 이와 반대로 사하스라라 차크라에서는 샥티 에너지가 올라가는 것에 집중합니다.

숨을 내쉬는 동안 물라다라 차크라에 마음을 모으고 숨을 마시는 동안 윗배를 천천히 수축합니다. 샥티를 수슘나로 끌어올려 정수리를 통과하고 머리 바깥으로 끌어낸다고 상상해 봅시다.

목구멍을 열어 두고 숨을 참으며 시바와 샥티 에너지가 정수리 위에서 하나가 됨을 상상합니다. 서서히 숨을 내쉬며 윗배의 수축을 풀고 하나 된 시바와 샥티의 에너지가 수슘나를 타고 물라다라 차크라로 내려오는 것을 그려 봅시다. 잠시 쉬면서 물라다라 차크라에 마음을 집중합니다. 위와 같은 방법을 7번, 14번 혹은 21번 반복합니다.

샥티 에너지가 정수리 위로 솟는 것을 가장 잘 느낄 수 있는 방법은 스스로의 수련과 실험으로 찾을 수 있습니다. 어떤 요가 수행자들은 한 발 혹은 두 발에서부터 샥티가 머리 위로 올라가는 것으로 이미지화하기도 하고, 꽤나 먼 거리에서 샥티가 올라가는 것을 이미지화하기도 합니다. 어떤 이미지가 자신의 에너지와 의식을 가장 잘 움직이게 하는지 실험해 봅니다.

우리는 신념과 믿음을 통해 삶에서 겪는 경험을 판단합니다. 각 경험에 대한 대응의 자세는 이 판단에 달려 있고, 그것은 즐거울 수도 혹은 괴로울 수도 있습니다. 물론 이것은 우리의 미래는 물론 바사나에까지 영향을 줍니다.

우리 삶에 가장 큰 한계를 짓는 것은 자신의 육체가 존재의 근간이라고 믿는 것입니다. 이것은 자연히 우리의 판단력을 흐리게도 하는데, 육체 너머의 경험을 통해 우리는 이 한계에서 탈출할 수 있습니다. 이 과정에서 사하스라라 차크라는 우리가 반드시 지나야 하는 문입니다. 사하스라라 차크라를 깨우는 방법은 명상 속에서 자신이 브라흐만의 문을 지나 육체를 품고 있는 의식을 상상하고 느끼는 것입니다.

CHAPTER 9.

양호흡 수련과
인호흡 수련

저절로 반다 수련이 되는 양호흡법

반다 수련은 미세하게나마 근육의 수축을 요하는데, 어떤 수련자들은 이것을 좋아하지 않습니다. 또 어떤 수련자들은 시바와 샥티 에너지를 위아래로 움직이는 것이 산만하다고 생각하기도 하는데, 특히 초보자일수록 더 그렇습니다. 이런 수련자들에게는 양호흡법이 차크라로 기를 모으는 데 더 적절할 수 있습니다.

인도의 요가 수련자들은 마시는 숨의 진동이 '소' 음절의 진동과 비슷하며, 내쉬는 숨은 '함' 음절의 진동과 매우 흡사하다고 했습니다. '소'는 가볍게 올려 치듯이 날아오르는 느낌으로, '함'은 무게 있게 내려 앉는 느낌으로 소리를 내면 됩니다. 이 두 음절이 합쳐져 '소함' 만트라가 됩니다.

양호흡법은 소함 만트라를 이용하여 호흡을 더 길고 깊게 하면서 차크라로 기를 모으는 것인데, 아래와 같이 진행합니다.

차크라 하나를 정해서 그곳에 마음을 집중하고 천천히 숨을 마시는 동안 마음속으로 길게 '소' 하고 외웁니다. 들숨을 4초에서 8초 정도 지속한 후에 목구멍을 열어 두고 몇 초간 숨을 참으면서 차크라에 계속 집중합니다. 다시 숨을 내쉬면서 길게 마음속으로 '함' 하고 외우며 4초에서

8초 정도 유지합니다. 같은 방법을 7번, 14번 혹은 21번 반복합니다.

모든 것에는 인과 양의 측면이 있으며, 양호흡법에도 예외 없이 인과 양이 존재합니다.

이번에는 '함사' 만트라를 해 보도록 합시다. '함사'는 '소함' 만트라보다 양의 성격이 강합니다. 들숨에 '함'을 무게 있게 내려 앉히듯 소리를 내고, 날숨에 '사'는 가볍게 날아오르듯 소리를 내면 됩니다.

차크라 하나에 마음을 모으고 들숨 내내 '함'을 마음속으로 길게 외우며 4초에서 8초 정도 유지하고, 목구멍을 열어 두고 숨을 몇 초간 참습니다. 다시 내쉬는 숨에 '사' 하고 마음속으로 길게 외우며 4초에서 8초 정도 유지합니다. 같은 방법을 7번, 14번 혹은 21번 반복합시다.

'소함' 만트라는 시바 에너지를 척추를 따라 내려 주고, '함사' 만트라는 샥티 에너지를 위로 올려 줍니다. 수련자는 각각의 차크라에 어떤 만트라의 영향력이 더 큰지를 직접 실험하고 체험해야 할 것입니다. 저는 배꼽 아랫쪽의 차크라에는 '소함'을, 그 위쪽의 차크라에는 '함사'를 자주 씁니다.[17]

호흡이 몸에 끼치는 영향

차크라 정화의 첫번째 단계는 육체적 에너지의 보존이고, 이것은 고요하게 명상 자세로 앉아 차분히 호흡을 하는 것입니다. 호흡은 단순히 육체적 현상이 아닌 세 가지 단계의 몸을 이어 주는 도구입니다. 요가 전통에서는 우리의 사고와 감정은 호흡과 밀접하게 연결되어 있다고 믿습니다. 마음이 감정적이고 산만할 때는 호흡도 들뜨고 고르지 못합니다. 마음이 조용하게 집중한 상태일 때는 호흡도 안정적이고 부드럽습니다. 따라서 호흡을 부드럽게 조절하는 것은 감정과 정신의 몸을 차분하게 해줄 것입니다.

자연스러운 호흡의 세 가지 단계

호흡에는 들숨, 날숨, 중립의 세 가지 측면이 있습니다. 이것은 자신의 호흡을 몇 분 동안 차분히 관찰하면 쉽게 알아차릴 수 있습니다. 관찰을 할 때는 호흡을 조절하려 들지 말고 생태학자가 자연을 관찰하듯 있는 그대로 가만히 바라봅시다.

들숨은 복부 혹은 갈비뼈 부분이 천천히 부풀면서 일어나는데, 자율 신경계의 조절로 인해 날숨이 끝남과 동시에 바로 일어납니다. 날숨은 갈비뼈와 복부의 근육이 이완하여 원상태로 돌아오면서 폐를 수축시켜 공기를 밖으로 밀어내는 것인데, 날숨은 특별한 노력 없이 진행되기 때문에 수동적이라고 간주됩니다.

들숨도 날숨도 없는 중립의 상태에서는 얼른 숨을 쉬고자 하는 욕망마저 부재합니다. 마음이 고요할수록 이런 중립의 상태는 오래 지속되겠지만, 어느 시점에서는 들숨이 들어오고 호흡의 순환은 의식적 개입 없이도 계속될 것입니다.

인호흡법

인호흡법의 목적은 중립의 상태를 무리 없이 늘리는 것입니다. 인호흡법은 양호흡법과는 다르게 날숨을 하고 난 후에 호흡을 참고, '소함' 만트라와 '함사' 만트라도 다르게 사용합니다. 인호흡법은 아래와 같습니다.

차크라 하나를 정해서 마음을 집중하고 들숨을 기다립니다. 들숨이 시작될 때 '소', 날숨이 시작될 때 '함'을 짧게 한 번씩 마음속으로 외웁니다. 들숨과 날숨이 점점 짧고 얕아지면서 중립의 상태는 서서히 길어질 것입니다. 중립의 상태를 늘리기 위해 들숨을 일부러 참을 필요는 없습니다. 그저 차크라에 집중하면서 호흡이 조금씩 고요해지는 것을 관찰합시다.

모든 것에는 인과 양의 측면이 있고, 인호흡법도 마찬가지입니다. '소함' 만트라를 외우는 것과 같은 방식으로 '함사' 만트라를 사용합니다. 들숨에 '함'을, 날숨에 '사'를 마음속으로 짧게 한 번씩 외웁니다.

소함, 함사 만트라가 차크라에 주는 영향은 심장의 수축과 확장의 감각과 비슷합니다. 하나의 차크라에 집중을 하고 들숨에 마음속으로 '소'를 외울 때는 그 차크라 주변이 확장하는 듯한 느낌을 받고, '함'을 외울 때는 수축하는 듯한 느낌을 받습니다. 어떤 만트라가 자신에게 적절한지는 그때그때 직접 실험하고 체험해 보는 길뿐입니다.

CHAPTER 10.

섬세함을 기르는
명상법

나다 소리 듣기

다양한 방법의 요가 수련을 아우르는 공통점은 기의 조절입니다. 요가 동작으로 몸수련을 하여 정자세를 유지할 수 있을 때 미세한 근육의 움직임으로 반다 수련을 합니다. 양호흡법은 그보다 더 기술적이고 인호흡법은 그 기술을 더 섬세하게 합니다. 호흡법보다 더 미묘한 기술은 차크라에서 들려오는 '나다' 소리를 듣는 것입니다.

무엇이 되었든 잘 듣고자 주의를 기울일 때는 마음도 호흡도 고요해집니다. 직접 실험을 해 봅시다.

잠시 멈추어서 주변의 들릴 듯 말 듯한 소리를 가만히 들어 봅시다. 방 안에서 들리는 미세한 진동이나 혹은 밖에서 흘러들어 오는 숨죽인 소리 같은 것에 주의를 기울이고 있으면 호흡이 무의식적으로 차단되고 있는 것을 알아차릴 수 있습니다. 소리가 은은할수록 호흡은 더 고요해집니다.

나다는 차크라의 여린 진동이 만들어 내는 소리인데 이것에 귀를 기울이는 것은 가장 깊은 단계의 수련법에 해당합니다. 일찍이 요가 현자들은 이 수련법을 학생들에게 가르쳐 왔습니다. 나다 소리를 듣는 방법은 아래와 같습니다.

검지, 중지, 약지, 세 개의 손가락을 관자놀이에 놓고 새끼손가락은 두 눈의 바깥쪽 모서리에 가볍게 얹어 둡니다. 이것은 눈의 움직임을 제어하여 집중을 도울 것입니다. 엄지손가락을 귓구슬(귓구멍을 덮고 있는 작은 덮개 같은 연골)을 귓구멍으로 누릅니다.

이제 귀의 내부에서 들리는 소리를 들어 봅시다. 보통 오른쪽 귀가 더 예민할 수 있는데 수련을 계속하다 보면 차이가 없어지니 소리를 듣는 데 집중합시다.

나다 소리를 듣는 것이 자신의 명상이 될 정도로 익숙해지면 굳이 손으로 귀를 막을 필요가 없습니다. 의식을 모으고 마음을 집중할 수 있는 곳 어디서나 나다 소리를 들을 수 있을 것입니다.

차크라와 나다

다음의 표에서 볼 수 있듯이 각각의 차크라는 독특한 나다 소리를 갖고 있습니다. 저의 개인적 경험에 의하면 각 차크라의 나다 소리에는 미세하나마 확실한 차이가 있습니다. 한 가지 유의할 점은 아래 표시된 소리는 나다 소리와 가장 흡사한 예를 표시한 것입니다. 수련자가 명상 속에서 실제 듣는 소리를 사물과 비교하는 것은 그리 쉽지 않습니다. 하지만, 아래의 표를 예로 삼아 나다 소리를 구분하는 데에 쓸 수 있습니다.

차크라	나다
사하스라라	옴 소리
아기아	옴 소리
비슈다	대양의 소리
아나하타	깊은 종소리
마니푸라	하프 줄 소리
스바디스타나	플루트 소리
물라다라	벌떼의 윙윙거리는 소리

나다 명상

인호흡법과 나다 명상은 자연스럽게 조합이 됩니다. 명상 자세로 앉아 인호흡법을 하면서 마음이 차분해지면 나다 소리를 듣습니다. 이 두 가지의 수련법은 동시 적용이 가능합니다. 나다 소리를 듣는 중에 인호흡법을 유지하다가, 때론 호흡에 대한 의식을 내려놓고 나다 소리에만 집중할 수 있습니다. 그러다가 집중력이 떨어지면 다시 인호흡법으로 마음을 차분히 하고 나다 소리에 주의를 기울입니다.

한동안 귀 기울여 듣다 보면 서로 경쟁하듯 두 가지 혹은 그 이상의 나다 소리가 동시에 들리는 것을 인지할 수 있을 것입니다. 우선 가장 분명히 들리는 나다 소리에 귀를 기울여 그 소리가 사그라들 때까지 듣다가 다음 소리에 주의를 기울입니다.

어떤 차크라의 나다 소리는 다른 차크라보다 우세하기도 합니다. 그래서 자신이 듣는 나다 소리가 꼭 자신이 집중하는 차크라와 일치한다고 보기 어렵습니다. 나다는 그 순간 가장 활동적인 다른 차크라에서 나올 수도 있기 때문입니다. 고도로 숙련된 수련자만이 자신이 지정한 차크라의 나다 소리를 경험할 수 있습니다.

니야사 행법

니야사 행법은 명상의 시작과 끝에 쓰면 아주 좋습니다. 니야사는 '의식을 위치한다.'는 의미입니다. 여기에는 여러가지 변형법이 있는데 어떤 것은 간단하고, 또 어떤 것은 꽤 복잡합니다. 니야사 행법은 차크라 명상에 아주 적합합니다.

끝없이 광활하게 온 우주 안의 모든 것으로 퍼져 있는 시바의 에너지를 생각하면서 명상을 시작합니다.[18] 이 광활한 에너지가 응축하여 자신의 몸속으로 들어와 척추를 타고 차크라 하나하나를 차례로 지나서 물라다라 차크라로 내려와 샥티 에너지와 하나가 됨을 상상합니다. 잠시 시바와 샥티의 기운을 느껴 보고 명상을 계속 이어 갑니다.

명상을 끝낼 때는 다시 집중을 유지하고 물라다라 차크라에서부터 샥티 에너지를 타고 한 차크라씩 위로 오르는 자신의 모습을 상상합니다. 마침내는 정수리 위로 올라 시바 에너지 속에서 계속 팽창하고 상승하는 것을 그려 봅시다.

비자 만트라

비자 만트라는 니야사 수련과 병행하기에 좋은 수련법입니다. 비자는 '씨앗'이라는 의미이고, 각 차크라의 진동을 자극하는 소리입니다. 한 차크라에 마음을 모으고 그 차크라에 해당하는 비자 만트라를 자신이 원하는 만큼 반복하여 외우고 그 반응을 잘 느껴 봅니다. 그리고 다음 차크라로 이동하여 반복합니다. 다음은 각 차크라의 비자 만트라입니다.

사하스라라	옴(Om)	홈(Home)의 운율
아기아	옴(Om)	홈(Home)의 운율
비슈다	함(Ham)	텀(Thumb)의 운율
아나하타	얌(Yam)	텀(Thumb)의 운율
마니푸라	람(Ram)	텀(Thumb)의 운율
스바디스타나	밤(Vam)	텀(Thumb)의 운율
물라다라	람(Lam)	텀(Thumb)의 운율

비자 명상

저는 명상 수련에서 비자 만트라를 자주 사용합니다. 각 차크라에 맞는 비자 만트라를 마음속으로 외우면서 수슘나를 따라 의식을 위아래로 움직이며 일곱개의 차크라를 모두 순환하는 데 2분 정도가 소요됩니다. 그리고 이것을 7번, 14번 혹은 21번 반복합니다.

비자 만트라를 하는 내내 저는 나다 소리에 집중하고, 한 번 순환이 끝날 때마다 나다 소리를 들으며 고요하게 정자세를 유지합니다.

명상의 순서와 방법

아래는 명상 초보자를 위한 15분짜리 명상 방법입니다.

1. 물라다라 차크라로 내려가는 니야사 수련 1분

2. 하나의 차크라에 집중하여 7번의 반다 혹은 양호흡법 수련 3분

3. 하나의 차크라에 집중하고 인호흡법 수련 5분

4. 하나의 차크라에 집중하고 나다 소리 듣기 5분

5. 정수리 위로 올라와 끝나는 니야사 수련 1분

명상을 할 때 고려해야 하는 것

저는 명상을 시작하는 사람에게 하루에 차크라 하나씩을 정해서 명상을 하도록 권유하고 싶습니다. 그렇게 일주일을 하면 7개의 차크라 모두를 순환하게 됩니다. 그런 후에는 한 차크라를 가지고 일주일 내내 명상을 하거나, 하루에 하나씩 바꿔 봐도 좋습니다. 이렇게 몇 달 수련을 한 후에는 반다 혹은 나다 수련을 더하는 것도 좋은 방법입니다.

그런데 명상이나 호흡법이 긴장감과 불편함을 일으키면 뭔가 잘못된 것입니다. 명상 수련은 아이가 학교에 가는 것과 비슷한 면이 있습니다. 아이가 매일같이 등교를 하는 데는 어느 정도 훈련이 필요합니다. 하지만, 학교가 아이에게 괴로움이 된다면 아이는 여러 면에서 성장하지 못하고 퇴보할 것입니다.

참고문헌

해부학

Thomas W. Myers, *Anatomy Train: Myofascial Meridians for Manual and Movement Therapists, Second Edition* (Churchill Livingston, Philadelphia, 2008)

보통 표준 의학 서적에서는 파시아에 대한 중요성과 내용을 많이 찾아 볼 수 없지만 이 책은 파시아에 대한 것들이 많이 보충되어 올바른 방향을 잡아 주고 있습니다. 파시아가 인체에 얼마나 많이 퍼져 있고 운동 병리학에 어떤 영향을 미치는지에 대한 내용들이 수록되어 있습니다. 그림만 보아도 많은 요가 수련자와 체력 단련 종사자들이 쉽게 이해할 수 있을 것입니다.

Dean Juhan, *Job's Body: A Handbook for Bodywork* (Station Hill, Barrytown, NY, 2003)

파시아가 인체 전체를 어떻게 연결하여 통합하는지 인체를 만지고 마사지하면 왜 치유 효과가 있는지 알려 줍니다. 대부분의 내용들이 타의 추종을 불허합니다.

Michael Schuenke et al., *Thieme Atlas of Anatomy: Feneral Anatojmy and the Musculoskeletal System* (Thieme, New York, 2010)

이 책은 3권의 시리즈 중 하나입니다. 각 근육 그룹들에 맞는 서로 다른 움직임, 뼈와 근육들의 해부학적인 면을 잘 보여 주는 책으로 특히 요가 선생님들에게 유용합니다. 고급스러운 그림들과 인체 조직의 구조와 관계, 변화를 나타내는 도표들과 그래프들이 굉장히 귀한 자료이고 다른 책에서 찾아보기 어렵습니다. 좀 더 심도 깊은 해부학을 공부하기 좋은 책입니다.

Andrew Biel, *Trail Guide to the Body: How to Locate Muscles, Bones, and More* (Books of Discovery, Boulder, CO, 2010)

인체에서 해부학 책에 묘사된 구조들을 찾고 감각을 통해 직접 느낄 수 있는 방법을 배우는 데 훌륭한 안내서입니다. 책 제목 그대로 핸즈온에 필요한 해부학을 배우고 싶은 선생님이나 마사지사에게 필요한 책입니다.

Eslie Kaminoff and Amy Matthews, *Yoga Anatomy* (Human Kinetics, Champaign, IL, 2010)

이 책은 뼈와 근육을 해부학적으로 다룬 유명한 책으로, 다양한 요가 자세 안에서 근육이 어떻게 작용하는지 잘 보여 줍니다. 요가 수련자들에게는 의학적인 해부학보다 이러한 움직임을 위한 해부학이 훨씬 더 유용합니다.

침술학

Joseph M. Helms, *Acupunture Energetics: A clinical Approach for Phusicians* (medical Acupuncture Publishers, Berkeley, 1995)

중의학과 침술학은 약초와 진단, 침을 놓는 기술을 포함하여 굉장히 방대한 학문입니다. 이 중에서 요가 수련자에게 가장 유용한 것은 경락의 위치와 서로 어떻게 영향을 주는지에 관한 부분입니다. 이 책은 각 경락과 기능들을 확실히 구분해 주는 가장 설득력 있는 자료들을 담고 있습니다. 위에 언급한 해부학책인 『Thieme Atlas of Anatomy』에 대해 침술학 측면으로 설명해 줍니다. 이 책에는 정확히 눈에 보이지 않는 인체 내부를 정확하게 표현하기 위한 도표와 도식을 만들어 내기 위한 혜안과 기술로 가득합니다. 이 책은 확실히 대가의 책이라 말할 수 있습니다.

Claudia Focks, ed., *Atlas of Acupunture* (Churchill Livingston, Philadelphia, 2018)

완성도가 아주 높은 책으로 이제껏 출간된 침술학의 책들을 모두 대조하여 분석하였습니다. 사진과 삽화가 섞여 실려 있으며, 앞으로 몇 년 동안 경락과 혈점에 대한 표준 참고서가 될 것입니다.

Edward F. Tarabilda, *Ayurveda Revolutionized: Integrating Ancient and modern Ayurveda*(Lotus Press, Twin Lakes, WI, 1997)

아유르베다는 인도의 전통 의학입니다. 지난 수천년의 세월 동안 다른 의학들처럼 많은 성장과 변화를 겪었습니다. 저자는 아유르베다의 기본적인 개념들 중 대부분이 옳지만, 그것들을 효과적으로 적용하는 몇 가지 중요한 개념들이 중간에 사라져 버렸다고 주장합니다. 그는 베다의 점성술에서 얻게 된 혜안을 기반으로 하여 몇 개의 개념을 재구성하였고, 어떤 부분은 아유르베다의 에너지 이론과 경락 이론을 재통합하여 설명하고 있습니다.

James L. Oshman, *Energy Medicine in Therapeutics and Human Performance*(Buterworth-Heinemann, Philadelphia, 2003)

이 책은 침술학에 관한 서적은 아닙니다 하지만 현대 과학의 측면에서 침술학과 요가의 지혜들을 다시 확인하고 확장하는 논의들을 350쪽 분량에 수록하였습니다. 세포와 파시아, 수분의 흐름들, 액상 크리스탈 결정체 그리고 생체전기와 자기장 신호들에 대해 다루고 있고, 그림과 사진도 포함되어 있습니다. 오스만 박사는 이제 모퉁이를 갓 돌며 보게 된 새로운 관점의 생물학과 연구들을 매우 확실하게 설명하고 있습니다. 만약 현대 과학의 관점으로 고대의 과학을 설명한 것에 관심이 있다면 이 책을 추천합니다.

요가아사나

Bernie Clark, *The Complete Guide to Yin Yoga: The Philosophy and Practice of Yi Yoga*(White Cloud Press, Ashland, OR, 2012)

저는 이 책에 대해 자신만을 위한 수련을 설계할 때 꼭 필요한 교과서라고 말하고 싶습니다. 첫 번째 장에서는 인양의 개념에 대한 전체적 이해를, 두 번째는 자세 하나하나를 자세히 서술하였고 세 번째는 요가 수련의 혜택에 대해 과학적으로 설명되어 있습니다. 해부학에 대한 논의들과 요가의 커다란 윤곽들을 논리적으로 설명하여 독자들이 확실히 이해하게 도와줍니다.

Swami Muktibodihananda, *Hatha Yoga Pradipika* (Hihar School of Yoga, Bihar, India, 1998)

이 책은 하타요가의 가장 오래된 고전 『하타요가 프라디피카』를 현대적으로 해석한 것입니다. 원전은 400절이지만 그것들을 정밀하게 설명하여 700쪽이 넘습니다. 어떤 과목이든 심도 깊게 공부를 하려면 근본 '텍스트'에 대한 통찰이 중요한데, 이 책이 하타요가의 토대를 통찰하는 데 중요한 열쇠가 될 것입니다. 원래 하타요가의 수련은 호흡 조절과 정화법이 대부분입니다. 하타요가는 나디를 정화하고 차크라를 깨워 나다에 자연스럽게 집중하도록 이끄는 것이 목적입니다. 책에서는 가장 섬세하고 높은 상태의 나다 명상을 강조합니다. 이 책을 읽으며 그동안 현대의 하타요가가 얼마나 요가 동작의 중요성만 강조했는가를 알게 되면 충격을 받을 수도 있습니다.

Sarah Powers, *Insight Yoga* (Shambhala, boston, 2008)

사라 파워스의 『인사이트 요가』는 인요가뿐만 아니라 양요가와 마음챙김 명상까지 통합하여 만든 요가입니다. 이 책은 경락의 경로와 요가 자세가 어떻게 관련이 있는지 자세히 설명합니다. 보통 경락의 경로들은 지압, 침술, 마사지 같은 수기 요법의 학문에서 많이 다루는데 이것을 요가 자세와 연결하였습니다. 이 분야에 관심 있는 요가 수련자의 공부에 도움이 될 것입니다.

B.K.S. Iyenger, *Light yoga: Yoga Dphika* (Schoken books, New York, 1995)

요가를 진지하게 배우는 학생들에게는 요가 자세들의 참고서가 필요합니다. 다른 책도 많지만 이 책 만큼 좋은 참고서를 찾기는 힘듭니다. 학생들이 필요를 느끼는 자세보다 더 많은 자세들이 포함되어 있지만 요가 자세에 대한 참고서의 기능이 훌륭합니다. 각 자세를 단계별로 설명하는 면에서 탁월합니다.

Cheri Clampett and Biff Mithofer, *The Therapetic Yoga Kit: Sixteen potures for Self-Healing through Quiet Yin Awareness* (Healing Arts press, Rochester, VT, 2009)

만약 내가 부상을 입었거나 질병에서 막 회복되어 재활이 필요하다면, 저는 그들과 함께 체계적인 재활을 시작하고 싶습니다. 클램펫과 미토퍼는 수년 동안 정직하고 겸허하게 자신들의 기술을 임

상하였습니다. 그의 학생들은 단순히 부상당한 사람부터 노인, 암 환자까지 다양합니다. 이 책에는 공부카드, CD 등이 포함되어 있어 초보자들도 이 기술을 안전하게 배우는 것이 가능합니다.

Blff Mlthoefer, *The Yin Yoga Kit: The Practice of Quiet power* (Healing Arts Press, Rochster, VT, 2006)

비프 미토퍼는 10년 넘게 요가를 가르치고 수련해 왔습니다. 모두가 알다시피 선생님의 역량에 따라 학생들은 공부 초기 단계에 흥미를 일으킬 수도 있고, 잃어버릴 수도 있습니다. 이런 측면에서 미토퍼는 좋은 선생님입니다. 그는 경락과 기에 대한 에너지적 원리를 요가 동작과 마음챙김과 함께 통합시켜 가르칩니다. 이 책은 공부카드와 CD가 들어 있어 독학을 원하는 분께도 좋습니다.

명상과 영성

Paramahansa Yogananda, *Autobiography of a Yogi* (Self-Realization Fellowship, LosAngeles, 2020)

이 책은 파라마한사가 요기로서 살아온 인생과 요가의 목적에 대해 쓴 자서전입니다. 요가의 경험은 대부분 개인적이기 때문에 한 사람의 경험에서 요가의 모든 것을 보여 줄 수 없습니다. 이 책은 요가의 정신과학을 길게 다루고 있을 뿐 아니라, 함께 실린 각주들에서 과학과 역사 그리고 종교 연구에 대한 것도 접할 수 있습니다.

Hiroshi Motoyama, *Awakening of the chakras and Emancipation* (Human Science press, Encinitas, CA, 2003)

이 책은 명상 숙련자를 위한 책입니다. 각각의 차크라를 깨우기 위해 추천하는 자세와 호흡들을 자세히 설명하고 있습니다. 차크라가 육체의 차원, 마음의 차원, 그리고 정신의 차원에서 깨어날 때 일어나는 현상들과 올바른 진행과 부적절한 진행의 증후들을 잘 설명해 놓았습니다. 내가 아는 차크라 명상책 중 가장 자세히 설명해 놓은 책입니다.

Paramahansa Yogananda, *God talks with Arjuna: The Bhagabad Fita*(Self
Realization Fellowship, Los angeles, 2001)

1,000쪽이 넘는 이 책의 첫 100쪽은 상키아철학, 파탄잘리의 『요가 수트라』 그리고 기타의 가르침을 통합하여 『바가바드 기타』를 해석하였습니다. 이는 지적이고 영적인 업적입니다. 이 부분에 관심 있으신 분들은 이 책을 탐구해 보세요.

Rudolf Steiner, *How to know higher worlds*(wilder publications, Radford, VA, 2008)

이 책은 슈타이너 박사의 영적 수련의 큰 윤곽들을 서술해 놓은 책입니다. 차크라의 심리학적인 묘사와 유용한 영적 수련에 대해 자세히 묘사되어 있습니다. 다양한 배경과 전통의 관점으로 차크라에 대해 읽는 것은 대단히 가치 있는 일입니다.

Hiroshi Motoyama, *Karma and Reincanation: The key to Spiritual Evolution and Enlightment*(Avon Books, 2008)

모토야마 박사의 다른 책에 비해 쉽고 삶과 직접적인 관계가 있는 책으로, 다양한 카르마들이 우리의 삶에 어떤 영향을 미치는가에 대한 내용을 담고 있습니다. 카르마는 단순히 개인적인 것만은 아닙니다. 가족, 지역, 나라와 대단히 영적인 부분에도 존재합니다.

Swami Vivekanada, *Raja Yoga*(Ramakrishna_Vivekananda Center, New York, 1980)

파탄잘리는 요가 명상을 체계화한 사람입니다. 파탄잘리의 『요가 수트라』는 수세기 동안 요가 수련자들의 안내서였고 많은 학문적 논의들을 불러일으켰습니다. 이 책은 파탄잘리의 요가 체계를 확실하게 설명합니다. 더불어 파탄잘리의 요가 체계를 이해하기 위해 선행되는 몇 개의 예비 강의가 포함되어 있고 위대한 스와미 버전의 수트라 또한 함께 수록되어 있습니다. 지혜를 확실하게 이해하기 위해 좋은 선생님이 필요합니다. 스와미 비베카난다는 시대의 스승입니다.

Paramahansa Yogananda, *The Science of Religion*(Self-REalization fellowshop, Los
Angeles, 1953)

미국에서 파라마한사 요가난다의 첫 강의 내용을 확장한 것으로 특별히 요가의 독특한 특징들과 깨달음으로 가는 네 가지의 길 사이의 차이점을 서술하였습니다.

Richard Wilhelm, translator. C. G. Jung, commentary, *Secret of the Golden Flower. A Chinese Book of Life* (Harcount & Brace, New York, 1962)

이 책은 고대의 아기아 반다 변형법을 서술하고 번역한 책입니다. 이것을 빛의 순환이라고 부릅니다. 빌헬름은 아름다운 언어로 수련의 의미를 전달합니다. 이 책에 몰두하면, 그 수련법의 친숙하고 고상한 정서가 주는 영감을 느낄 것입니다.

Hiroshi Motoyama, *Theories of the Chakras: Bridge to Higher Consciousness* (Quest Books, Wheaton, IL, 1982)

이 책을 쓴 의도는 세 가지로 볼 수 있습니다. 하나는 탄트라와 도교의 같은 에너지 시스템을 설명하는 것, 두 번째는 차크라를 깨우기 위한 수련법을 소개하는것, 세 번째는 차크라와 경락, 그리고 기를 과학적으로 조사하여 기록하는 것입니다. 제 책의 앞부분에서 모토야마 박사가 영적 수련법과 에너지 의학 등을 연구하여 미래에 이바지한 업적으로 소개한 바로 그 책입니다.

Rudolf Steiner, *Theosophy : An Introduction to the Spiritual Processes in Human Life and in the Cosmos* (Anthroposophic Press, Hudson, NY, 1994)

이 책은 우리가 각자 다른 몸에 살고 있는 것에 대한 윤곽을 보여 주고, 유럽의 신비주의자들이 말하는 다중의 몸 이론에 대한 이해를 돕고 있습니다. 서로 다른 전통에서 다른 수련을 하는 사람들이 확인해 주는 현상들은 언제나 저를 고무시킵니다. 이 책은 과학적인 방법들의 본질이 되는 책입니다.

Hiroshi Motoyama, *Varieties of Mystical Experience* (Human Science Press, Encinitas. CA, 2006)

많은 책들이 차크라의 각성과 해방의 수련기술을 설명하였다면, 이 책은 그 목적에 대해 설명하였습니다. 더 높은 존재와 결합하는 영적인 상태인 사마디의 다양한 단계를 묘사하였고 명상이 진보하여 더 높은 영적 상태로 들어갔을 때 우리의 의식이 어떻게 변하는지에 대해 자세히 다룹니다. 그리고 의식의 진보를 바라는 우리의 동기와 태도 또한 어떠해야 하는가를 확실하게 설명해 줍니다. 마음에 감동과 영감을 주는 책입니다.

Swami Hariharananda Aranya, *Yoga Philosophy of Patanjali* (SUNY Press, Albany, NY, 1984)

이 책은 철학에 관심 있는 분들을 위한 책입니다. 비베카난다가 파탄잘리의 『요가 수트라』를 대중화 한 사람이라면 하리하라난다는 파탄잘리의 『요가 수트라』를 정교하게 분석한 사람입니다. 이 분야에 헌신했던 전문가로서 하리하라난다는 수트라를 지나치게 꼼꼼하게 분석하여 질식시키기보다는 심리학적이고 영적인 의미를 명백히 하고자 하였습니다. 이 책은 고서인 수트라가 상키아를 실용적으로 적용하였다고 말합니다. 이 책은 요가학파와 더불어 상키아 철학까지 이해하는 데 도움이 됩니다. 요가 공부에 전념하는 학생들을 기쁘게 하는 책입니다.

Edwin F. Bryant, *The Yoga Sutras of Patanjali: A New Edition, Translation, and Commentary* (North point Press, New York, 2009)

파탄잘리의 『요가 수트라』는 많은 번역본이 있지만, 가장 최근 번역된 이 책은 여러 면에서 훌륭합니다. 몇 세기 동안 경전 해설자들이 서로 어떻게 이야기했는지를 잘 보여 주는 책입니다. 같은 수트라의 내용을 다른 사람의 해석과 비교하다 보면 자신의 해석들을 다시 살펴보게 됩니다. 비베카난다의 『라자 요가』를 읽은 후, 다음 단계로 읽기 좋습니다.

미주

1   요가의 역사 : 요가가 어떻게 발생되었고, 어떻게 전해 내려왔는지, 오늘날 우리가 알 수 있는 정확한 계보는 존재하지 않습니다. 하지만 인요가라는 용어를 이해하기 위해 큰 지도를 보듯 요가의 역사를 알아볼 필요가 있습니다.

요가의 핵심 고서 중 하나인 파탄잘리의 『요가 수트라』는 총 196절로 구성되어 있는데, '요가 자세는 편안하고 안정적이어야 한다.'는 하나의 구절로 요가 자세의 방법을 일괄합니다. 나머지 195절은 모두 명상에 관한 내용입니다. 6세기경부터 탄트라 요가가 유행하면서 육체적 수련도 중요하게 바라보는 계기가 되었습니다. 현재 우리가 하는 하타요가는 탄트라 요가에서 파생한 것입니다. 15세기에 쓰였다고 알려진 『하타요가 프라디피카』에는 요가 자세, 정화법, 호흡법 등이 나옵니다. 15가지의 요가 자세가 소개되는데, 이 자세들은 우리에게도 익숙한 자세들입니다. 이 책에서는 육체 수련을 명상 수련인 라자 요가로 가는 준비 단계로 여깁니다. 17세기의 『게란다삼히타』에는 32개의 요가 자세가 나오고, 『시바삼히타』에는 더 많은 자세가 나오는데, 이런 식으로 시간이 가면서 요가 자세의 수는 더 늘어나는 동시에 양적인 자세의 비중이 커져 갔습니다.

18세기 무렵 인도가 영국의 식민지가 되면서, 서양 문물이 대거 인도로 물밀려 들어가고 요가 역시 영향을 받게 됩니다. 그전에는 볼 수 없었던 서양 체조 같은 새로운 형태의 요가가 성행하게 되는데, 현대요가의 아버지라고 불리는 크리슈나마챠라는 이런 형태의 요가를 19세기 무렵에 자리 잡게 한 장본인입니다. 그는 무려 3,000개 이상의 요가 자세를 가르쳤다고 합니다. 이때 만들어진 스타일을 현대요가라고 부르는데, 이것은 지금까지도 요가 문화의 구심점으로 선풍적인 인기를 끌고 있습니다. 현대요가는 전통요가와는 달리 육체 단련을 목적으로 하며 이런 점은 미용과 다이어트 산업과도 잘 영합합니다.

오늘날 우리가 접하는 하타요가, 빈야사요가, 아쉬탕가요가, 핫요가 등은 모두 현대요가에 속하는 다양한 스타일입니다. 현대요가의 대부분은 양요가로 쏠린 경향이 많아서, 정적이고 차분한 인요가로 균형을 되찾고자 하는 수요가 점점 늘고 있습니다. 이때 인요가는 현대요가의 한 종류가 아니라, 전통요가와 현대요가를 통틀어 더 부드럽고 근육의 노력이 덜한 수련법을 구분하기 위해 만들어진 용어입니다. 인요가는 전통요가에서부터 지금까지 이어져 오는 아주 오래된 수련법으로, 근육의 긴장을 풀고 복잡한 마음을 내려놓는 더 내적인 수련법이라 할 수 있습니다.

2 아쉬탕가-빈야사 요가 : 크리슈나마챠라가 제자 중 하나인 파타비 조이스에게 사사한 수련법으로 1970년부터 서양에서 선풍을 일으켰습니다. 보통 '아쉬탕가'라고 부르는데 고정된 순서를 따라서 자세를 춤추듯 이어 가고, 다분히 체조의 요소를 갖고 있는 것이 특징인 대표적인 양요가입니다. 아쉬탕가는 여러 가지 체련 단련 프로그램 또는 현대 무용과 병합되면서 여러 가지 다양한 형태의 요가 스타일로 변형되기도 했습니다.

3 회복요가 : 원래의 상태로 돌아간다는 의미로 다양한 요가 도구를 많이 사용하여 휴식과 완전한 이완을 주된 목적으로 하는 요가입니다. 크리슈나마챠라의 아들이자 제자였던 데스카챠가 원류가 되어 많은 선생님들이 이 요가를 발전시키고 특히 쥬디스 라스터가 체계화했습니다.

4 탄트라 : 탄트라 요가는 10세기경에 꽃을 피우며 그 당시 인도의 요가 수행자들에게 큰 영향을 미쳤습니다. 그 전까지 인도에서 요가 수행은 이론과 승려 중심의 관념적 성향이 지배적이었는데, 탄트라의 기술 중심의 실천적 성향은 수련자들의 주목을 끌기 시작했습니다. 탄트라 요가의 특징 중 하나는 육체를 적극적으로 이용하여 해탈의 도구로 삼고자 하는 노력으로 호흡은 물론 인체의 생리 현상까지 조절하고자 했습니다. 또한, 육체적 욕망은 마음의 번뇌와 욕망이 밖으로 배출되는 통로로 보고 육체의 욕망을 지혜롭게 해소하고 정화하는 하는 것도 탄트라 수련의 특징에 속합니다. 이렇게 육체는 마음과 떨어질 수 없는 인양의 관계라는 것이 탄트라의 기본적 시각이며, 탄트라의 수행법은 힌두교뿐 아니라 불교에도 깊은 영향을 미쳤습니다.

5 결합조직 : 결합조직은 인체 내부의 모든 구조물과 장기를 서로 연결하고, 지지하고, 보호하는 역할을 하는 그물망 같은 조직으로 인체 내부에 가장 만연히 퍼져 있습니다. 뼈, 연골, 지방세포와 림프 등도 결합조직에 속하며 파시아는 결합조직이 길게 한 줄기로 연결되어 있는 형태입니다. 파시아는 크리스탈 격자 모양을 띠고 있는데 이것이 몸의 내부에 모두 퍼져 있기 때문에 마치 거대한 거미줄이 온몸을 싸고 있는 것처럼 보이며, 각 크리스탈 격자 안은 수분으로 채워져 있습니다. 이것을 정리하자면, 파시아는 인체 내부의 가장 만연한 조직이고, 파시아는 수분이 가득하며, 인체는 물로 가득 차 있다는 것을 확인할 수 있습니다. 현재 파시아는 과학계의 지대한 주목을 받고 있지만, 그 전까지는 단순히 연결하고 공간을 채우는 정도의 대수롭지 않은 조직이라고 오랫동안 여겨졌습니다. 파시아에 대한 연구는 해가 갈수록 더 눈부시게 발전하고 있습니다. 파시아는 인체 전체의 소통 채널이고, 손상을 회복하고 다시 재생하는 인체의 능력과 깊은 연관이 있는 등, 그 중요성이 하나씩 밝혀지고 있습니다. 모토야마 박사는 파시아가 기가 흐르는 경락과 같다고 말했습니다.

6 파시아 : 파시아는 19세기 후반 골다공증을 체계화한 앤드류 데일러 스틸 박사가 발견하였습니다. 파시아 연구 초기 단계에는 파시아를 결합조직의 한 유형으로, 밴드나 얇은 천 같은 형태의

조직이 몸의 일정 부분을 하나로 묶고 연결한다고 여겼습니다. 하지만, 파시아에 대한 연구가 거듭되면서 파시아는 촘촘하고 단단하게 엮인 거대한 얇은 천 같은 조직으로 그 안에 뼈, 장기, 신경, 혈관, 근육 등을 모두 둘러싸고 연결하고 나누는 것으로 의미가 확장되었습니다. 파시아는 과학계에서 신데렐라 같은 존재로 여겨지며, 많은 관심을 받고 있습니다.

7 **인체의 전기 통신망** : 움직임으로 인해 결합조직이 긴장하고 압축할 때마다 격자 모양의 조직망은 각각의 움직임에 연관된 생체 전기를 발생시키는데, 이런 생체 전기는 격자 모양의 조직망을 타고 몸 전체로 흐르며 온몸을 하나로 연결합니다. 이렇게 온몸의 통신망 역할을 하는 결합조직은 동양의 전통 의학에 언급되는 경락의 체계이고, 인체의 모든 부분으로 셀 수 없이 퍼져 있습니다.

8 **견인치료** : 뼈 사이의 조직을 서서히 늘려 주는 물리 치료 기법입니다.

9 **상변화** : 물질이 온도, 압력, 혹은 장기장에 의해 기체, 액체, 고체 중 하나의 상태에서 다른 상태로 변하는 현상을 말합니다.

10 **기의 반동** : 인요가를 하면서 하나의 자세를 유지하고 있으면, 때에 따라 조직을 늘리기도 하고, 어떤 때는 압박하기도 하고, 어떤 때는 비틀기도 합니다. 형태는 다르지만 이 모든 것은 조직에 자극을 주는 방법입니다. 이런 식으로 자극을 주는 동안에는 기혈의 흐름이 일시적으로 느려지거나, 중단되거나, 거꾸로 흐르기도 합니다. 몇 분 후 자세를 풀고 나면 기혈의 흐름이 마치 둑이 허물어져 물이 흐르듯이 자유롭게 움직이는데, 이것은 육체, 감정, 정신을 통해 여러 가지 다양한 형태로 경험하게 됩니다.

11 **극돌기** : 척추뼈에서 뒤쪽 정중면으로 뻗은 돌기를 말합니다. 목 아래쪽부터 등의 정중면을 따라 가시돌기의 끝이 만져집니다.

12 **파라마한사 요가난다(1893~1952년)** : 인도의 요가 스승으로 명상을 바탕으로 한 인도 정신과 요가 수행법을 서구인들에게 전파하는 것을 자신의 사명으로 여겼습니다. 기독교적 구원관을 가진 서구인들에게 가장 효과적이고 실용적인 명상 기법을 가르쳤고 이를 삶에 잘 적용하도록 도왔습니다. 간디, 타고르, 테레사 수녀 등의 적극적인 지지를 받으며 많은 강연과 저술 활동, 음악과 시를 지으며 제자들을 길러 내고 영감을 주었습니다. 그의 자서전은 20세기 가장 사랑받는 최고의 영적 도서로 손꼽히고 있습니다. 1952년 세상을 떠날 때까지 강연과 저술 활동을 계속하였고 3월 7일 건강한 모습으로 마하사마디에 들었는데 실제로 사망 후 20일이 지나도록 그의 육체는 부패하지 않고 얼굴에는 무한한 기쁨이 있었다고 합니다.

13 **시바와 샥티** : 태초에 우주도 존재하지 않았을 때, 오직 절대자 브라흐만이 존재했습니다. 그리고 절대자 브라흐만에 상호작용하는 양극이 나타났는데, 이것이 물질과 의식입니다. 탄트라에

서는 물질을 샥티라고 부르고, 의식을 시바라고 부릅니다. 이것은 이원적인 세계관이자 인간의 정신과 육체, 태어남과 죽음 그리고 윤회에 근원들을 표현한 것입니다. 우리가 인체 내에서 부분적으로 감지할 수 있는 샥티의 힘은 신체적 감각, 감각에 대한 인지, 생각, 열망 등입니다. 반면 감지할 수 있는 시바의 힘은 넓고 명료하고 깊이 있는 자각 등입니다. 샥티는 물라다라에, 시바는 사하스라라에 존재합니다.

14 **샥티의 휴면** : 샥티는 시바의 주도하에 물질을 형성, 성장, 유지시키는 에너지의 근본을 이릅니다. 대체로 태아의 샥티는 성인의 샥티에 비해 훨씬 활동적이고 강력합니다. 성적인 욕망, 성취욕, 회복력 등 샥티는 우리 삶에서 다양한 형태로 나타나는데, 대개는 나이가 들면서 자신의 자아와 습관에 묻혀 휴면 상태로 존재합니다.

15 **수슘나의 자기장화** : 시바와 샥티의 만남으로 생명이 만들어지고 육체가 생성이 되면 시바는 아기아와 사하스라라 차크라 쪽으로, 샥티는 물라다라와 스바디스타나 차크라 쪽으로 갈라져 양극의 상태로 나뉘어 존재합니다. 깊은 명상의 상태에서 기는 수슘나 부근으로 모이게 되는데, 이때 니야사 수련은 척추를 따라 기를 위아래로 계속 움직이면서 머리 부분의 시바(양극)와 골반 바닥 부분의 샥티(음극)를 수슘나의 바깥면을 싸고 둘둘 돌아 연결하면서 강한 자기장을 형성시킵니다. 그리고 이 자기장이 강해질수록 기는 수슘나 속으로 더 강력하게 끌어당겨집니다. 반다 수련은 이렇게 척추로 모인 기의 압력을 더 강하게 하여 자기장을 증폭시키는 효과가 있습니다.

16 **하라** : 스바디스타나와 물라다라 차크라를 하나로 묶어 부르는 일본어입니다. 우리말로는 이것을 '하단전'이라고 합니다.

17 **소함, 함사** : 소함과 함사 만트라는 인도의 가장 오래된 베다의 전통에서부터 지금까지 전해 내려오는 만트라입니다. 베다는 산스크리트어로 기록된 요가 기록물로, 초기의 요가 사상과 제의식을 담고 있습니다. 여기에 '소함'을 속으로 외우며 명상을 하라는 소함 수련법이 처음 나옵니다. 소함은 들숨과 날숨 속에서 존재하는 어린 기의 진동이 만들어 내는 소리로, 그 의미는 '나는 우주다.'라는 것입니다. 또한 '함사'는 '우주가 나다.'라는 뜻으로, 둘 다 우주와 나는 본질적으로 같은 하나라는 의미를 내포합니다.

18 **광활한 시바** : 육체는 언제나 시간과 공간의 한정 속에 있습니다. 감정과 정신의 몸은 육체보다는 자유롭지만 여전히 한정된 세상 속에 갇혀서 존재합니다. 아기아와 사하스라라 부근에 존재하는 시바는 비록 갇힌 상태이지만, 우리 각자가 도달할 수 있는 완벽한 자유의 상태에 대한 가능성을 뜻합니다. 무거운 옷을 훌훌 벗고 자유로워지듯이, 모든 종류의 몸에서 완전히 해방할 때 그 어떤 한계도 없는 광대한 의식, 즉 시바가 무한히 팽창합니다.

모든 것을 되돌아보게 해 준 인요가

감수자 지 문(Jee Moon)

인요가는 요가 수련의 한 방법으로 이미 대중화되었습니다. 시간이 갈수록 더 많은 사람들이 인요가를 찾는데, 물론 이런 현상이 처음부터 그랬던 것은 아닙니다.

젊은 시절 폴 그릴리는 인기 있는 요가 강사로서 캘리포니아, LA에서 아주 강한 양요가를 가르쳤습니다. 수업 때마다 학생들이 연습실 안을 꽉 메웠습니다. 몇 년을 거치며 양요가를 수련하고 가르치면서 피로가 쌓이는 사이, 그는 폴리 징크를 만나 인요가 창안의 계기를 맞게 되고, 모토야마 박사를 만나 기와 경락 이론을 배워 자신의 수련에 직접 적용하며 지식을 발전시켰습니다. 그리고, 자신의 인요가 수련을 수업에서 가르치기 시작하자, 연습실 안을 꽉 메우던 학생들의 대부분이 간데없이 사라져 버렸습니다.

하지만, 그는 거기서 포기하지 않고 인요가의 효과와 중요성을 학생들에게 가르치고 설득하려고 노력했습니다. 이 책은 폴 그릴리가 양요가의 거센 파도 속에서 학생들에게 인요가의 이론을 소개하고 가르치고자 했던 의도로 쓴 것입니다. 당시 미국의 모든 스타 강사들은 하나도 빠짐없이 양요가를 하고 있었습니다. 그 속에서 묵묵히 인요가를 스스로 수련하고, 그것을 계속 전파하고자 힘썼던 그의 모습을 통해 그가 어떤 사람인지를 짐작할 수 있습니다. 유명세보다, 성공의 기회보다, 대세의 파도보다 그에게 중요했던 것은 과학적 근거와 검증된 이론을 바탕으로 한 객관적 사실과, 그것을 적용하여 모든 수련자들이 얻을 수 있는 이로움이었습니다. 그가 자신의 판단을 믿고 그 신념을 지켜온 덕분에 우리는 오늘날 인요가를 수월하게 수련하고 배울 수 있습니다.

이 책에서 폴은 모토야마 박사의 기와 경락 이론을 요가 수련에 적용하여 소개합니다. 폴이 이 책을 집필할 때는 모토야마 박사와 그 부분을 따로 의논하지는 않았습니다. 그는 자신의 수련을 이용하여 기와 경락 이론을 직접 실험하고, 다른 사람의 체험을 관찰하는 방법으로 이론과 수련의 실질적 융합을 체계화했습니다. 이 책이 출간된 후에 모토야마 박사는 자신의 이론과 그것이 요가 수련에 실용화된 예를 처음 보게 되었습니다. 모토야마 박사는 그의 연구가 요가 수련자에게 주는 의미와 가치가 얼마나 각별한지를 그때까진 미처 알지 못했습니다. 모토야마 박사는 이것을 깨닫게 해 준 폴의 노고와 헌신에 깊은 감명을 받았고, 그 감사의 표시로 당시 그가 학장으로 재직하던 캘리포니아의 한 대학에서 주는 명예 박사 학위를 폴에게 수여했습니다. 폴이 아니었다면 모토야마 박사의 기와 경락의 이론은 요가와 영영 만나지 못했을지도 모릅니다.

폴은 저의 짧은 48년의 생에서 제가 만났던 사람 중 가장 영특하고 지혜로운 사람 중 하나입니다. 그는 남다른 영특함을 가지고도 한 번도 으스대지 않으며, 차가운 머리는 따뜻한 가슴과 늘 함께 균형 속에서 동거해야 한다는 것을 몸소 실천하는 사람입니다. 제가 처음 폴을 만났을 때 그는 아주 영리하고 합리적인 두뇌를 가진 요가 선생님이었는데, 10년이 지난 오늘 제가 아는 폴은 바다와 같은 가슴과 지혜의 눈이 빛나는, 또 자신의 삶을 감사히 여기는 겸손

한 수련자입니다.

이런 폴 그릴리의 수련과 가르침과 삶을 안에서부터 완벽하게 채워 주는 것은 이 책에 실린 사진의 모델이자 그의 아내인 수지 그릴리입니다. 폴은 이 책에서 인양의 관계를 설명하고 그 공존과 상호작용과 균형의 중요성을 재차 강조합니다. 폴과 수지는 인양의 조화에 있어 완벽한 예입니다. 이 책의 집필자는 폴 그릴리지만, 수지 그릴리의 협업과 통찰력 없이는 책은 물론이고 인요가도 탄생하지 않았을 것입니다. 많은 사람들이 폴 그릴리와 인요가를 동일시하는 경우가 왕왕 있는데, 그럴 때마다 폴은 아내 수지의 이름을 늘 함께 거론하며 그들의 실수를 너그러이 용서하고 우아하게 고쳐 줍니다. 이 책에서 볼 수 있듯이 수지는 인요가 자세가 탄생하여 성장하는 데 큰 역할을 했습니다. 젊은 시절 무용수로 활동했던 수지는 몸과 움직임에 대한 깊은 경험과 탁월한 이해도를 기본으로 하여 인요가 자세와 수련 방법 등 실질적 기술 부분을 도맡아 발전시켜 왔습니다.

지금은 한국에도 인요가를 찾는 수련자들이 지속적으로 늘고 있습니다. 양요가로 점철된 한국의 요가 문화에 부는 선선한 인요가의 바람은 실로 가치 있는 변화입니다. 이 바람의 원류에는 이상희 선생님의 값진 땀과 노력이 숨어 있습니다. 지난 10년간 인요가라는 씨앗을 한국의 땅에 심어 싹을 내고, 나무로 키우기까지 이상희 선생님은 뜨거운 가뭄과 모진 폭풍우를 혼자서 다 견뎌내며 늘 최선을 다했습니다. 호탕한 웃음을 지으며 당자사는 손사래를 치겠지만, 그 노력만은 누구도 부인할 수 없을 것입니다. 지난 20년 동안 제가 알아 온 이상희 선생님은 늘 그렇게 넉넉한 마음으로 남들보다 한 발 늦게 가기를 자처하는 겸손함이 빛나는 사람입니다.

그러고 보니 어느덧 제가 요가의 길에 오른 지도 20년이 다 됐습니다. 그 길 위에서 만난 수많은 인연 가운데 인요가와의 만남은 각별했습니다. 인요가를 만나기 전, 저는 누군가 정해 둔 법칙에 따라 자로 잰 듯한 요가를 무모하게 추구했습니다. 인요가는 그런 저를 뿌리째 흔들며 모든 것을 다시 보게 만들었습니다. 인요가는 제게 요가가 성취의 대상이 아니라는 것을, 요가는 하늘처럼 넓게 열리고 물처럼 유연히 흐르는 광대한 길이라는 것을 깨닫게 해 주었습니다. 또한, 요가는 자신을 버리고, 자유로움을 얻으며, 진정한 자아를 찾아가는 긴 성장의 과정임을 알게 해 주었습니다. 아무쪼록 이 책을 통해 더 많은 요가 수련자들이 요가의 즐거움과 경이로움을 경험할 수 있기를 소망합니다.

인요가

1판 1쇄 펴냄 2020년 7월 8일
1판 4쇄 펴냄 2023년 9월 29일

지은이 | 폴 그릴리
옮긴이 | 이상희
감수자 | 지 문
발행인 | 박근섭
책임편집 | 정지영
펴낸곳 | 판미동

출판등록 | 2009. 10. 8 (제2009-000273호)
주소 | 06027 서울 강남구 도산대로 1길 62 강남출판문화센터 5층
전화 | 영업부 515-2000 **편집부** 3446-8774 **팩시밀리** 515-2007
홈페이지 | panmidong.minumsa.com

판미동은 민음사 출판 그룹의 브랜드입니다.